하루의
발견

하루의 발견

초판 1쇄 인쇄 | 2015년 6월 18일
초판 1쇄 발행 | 2015년 6월 23일

지은이 | 최은숙
발행 | (주)조선뉴스프레스
발행인 | 김창기
편집인 | 우태영
기획편집 | 김화(출판1팀장), 김민정, 박영빈
판매 | 방경록(부장), 최종현, 박경민
교정·교열 | 김현지
디자인 | HAAKOO

편집문의 | 724-6726~9
구입문의 | 724-6796, 6797
등록 | 제301-2001-037호
등록일자 | 2001년 1월 9일
주소 | 서울시 마포구 상암산로 34 DMC 디지털큐브 13층(121-904)

값 15,000원
979-11-5578-058-9 13320
※이 책은 (주)조선뉴스프레스가 저작권자와의 계약에 따라 발행하였습니다.
저작권법에 의해 보호받는 저작물이므로 무단 전재와 복제, 전송을 금합니다.
※저자와 협의하여 인지를 생략합니다.
※조선앤북은 (주)조선뉴스프레스의 단행본 브랜드입니다.

삶을 아름답고 풍요롭게 만드는 도서를 출판하는 조선앤북에서는
예비 작가분들의 소중한 원고를 기다립니다.
블로그 blog.naver.com/chosunnbook 이메일 chosunnbook@naver.com

소소한 일상에서 행복의 비밀을 발견하려는 당신께

하루의 발견

최은숙 지음

조선앤북

우리가 하루하루를 어떻게 보내는가는,
물론, 우리의 삶을 어떻게 사는가와 같다.

*How we spend our days is,
of course, how we spend our lives.*
– 애니 딜라드, 『창조적 글쓰기』 중에서

prologue

"오늘 하루는 어땠나요?"

시작은 사소했습니다. 비가 쏟아붓는 어느 여름날 오후, 우리는 둘러앉아서 일상에 대해 이야기를 나누기 시작했습니다.

"오늘처럼 억수같이 비가 내리는 날은 종묘에 가야지. 빗줄기가 쏟아지는 마당 바라보기. 보온병에 담아 온 뜨거운 정종을 홀짝거리며."

일상의 소소한 행복을 누리는 나만의 방법들이 쏟아져 나왔습니다. 멀리 떠나지 않고도, 수백만 원 하는 유럽행 비행기 표를 끊지 않고도, 매일매일 행복해지는 저마다의 비법들.

1월 1일부터 12월 31일까지의 '일상의 버킷리스트 365개'를 만들자는 계획은 그렇게 어느 여름날 우연히 생겼습니다. '세계 7대 불가사의 찾아가기'처럼 평생 시도해볼까 말까 한 '꿈의 버킷리스트'에 대해서는, 우리는 관심조차 두지 않았습니다. 버킷리스트는 원래 '킥 더 버킷kick the bucket'에서 비롯된 말로, '양동이를 발로 찬다'는 것은 서양에서 죽음을 의미한다고 하지요. 오늘 하루를 살아가는 사람들에게 '죽기 전에 해야 할 버킷리스트'는 너무 비장합니다. 매일매일을 모아 삶을 이루는 우리에겐, 오늘 하루치의 행복을 온전히 누릴 수 있는, 말 그대로 '하찮지만 소중한' 버킷리스트가 필요했습니다.

우연한 여름 멤버들과 함께 하루의 즐거움을 발견하기 위해 시작한 작은 워크숍은 가을과 겨울까지 이어졌습니다. 우리는 서로서로 나만이 갖고 있던 소소한 일상의 버킷리스트를 꺼내어 공유했으며, '지나간' 일보다는 '지금 여기' 무엇에 왜 몰두하고 있는지를 묻고 답했습니다. 이야기를 나누는 매개체로 텍스트보다는 그 사람이 무심코 좋은 순간을 담아온 사진을 주로 활용했습니다. 순간을 기록해온 이미지 속에서 내가 무엇을 좋아하는지, 나는 누구인지를 세밀하게 핀 조명을 비추며 찾아나갔습니다.

일상과 순간에 몰입하는 것이 왜 더 행복한지 평생 연구하거나, 추구해온 사람들에게도 간접적으로 도움을 받았습니다. 『몰입의 즐거움』 『몰입의 재발견』 등 몰입 관련서를 여러 권 펴낸 헝가리 출신 심리학자 미하이 칙센트미하이는 자신을 잊을 만큼 푹 빠지는 무아지경의 상태를 '몰입flow'이라고 했고, 긍정심리학의 창시자로 불리는 마틴 셀리그먼은 더 바랄 것 없이 충만한 상태인 '플로리시flourish'를 행복이라고 정의했습니다. 『아티스트 웨이』의 저자 줄리아 카메론은 '일상의 경험이 곧 상상력의 원천'이라고 말했습니다. 『자기만의 방』을 쓴 작가 버지니아 울프, 해가 떠오르는 순간을 캐치해 인상파를 출발시킨 화가 클로드 모네, 매 순간 아름답게 살았던 배우 오드리 헵번도 그냥 지나치면 놓치기 쉬운 일상에서 행복한 삶의 비밀을 발견했습니다. 유명인이나 예술가가 아닌 누구라도 새로운 눈으로 일상을 바라보면 반짝이는 구슬들을 더 자주 발견하고, '몰입'과 '플로리시' 상태에 빠져들 수 있다고 행복 연구자들은 말합니다.

미국 실리콘밸리 투자자이자 인터넷 전자 결제 회사 '페이팔' 창업자인 피터 틸은 『제로 투 원』에서 세상은 세 가지로 이뤄져 있다고 말했습니다. 관습(쉬움), 숨겨져 있는 비밀(어려움), 미스터리(불가능함)가 그것입니다. 그에 따르면 익숙한 '관습'과 불가능한 '미스터리' 사이에서 숨겨진 비밀을 발견하는 것이 중요하다고 합니다. 그가 알려준, 비밀을 발견하는 열쇠는 '새로운 눈'입니다. 어쩌면 하찮고 지루해 보이는 일상 속에 행복의 비밀이 숨어 있는지 모릅니다.

많은 사람들이 말했듯, 눈앞에, 발밑에, 내 주위에, 내 안에 비밀의 보석들이 무수히 떨어져 있습니다. 우리의 하루는 그 보석을 줍는 시간이고, 조금만 새로운 눈으로 바라보면 비밀의 문에 들어설 수 있습니다.

*"여행은 새로운 것을 보는 것이 아니라
새로운 눈으로 보는 것입니다.
그리고 당연히도, 새로운 눈으로는 옛것,
심지어 여러분의 집도 새롭게 보이게 됩니다."*
– 피코 아이어, 테드 강연 〈당신의 집은 어디인가요?〉 중에서

이 책은 일상을 새롭게 보기 위한 안내서입니다. 일상에서 도피하는 것이 아니라, 새로운 것을 발견하고 누리기 위해 필요한 가이드입니다. '하루를 어떻게 보내는가는 삶을 어떻게 사느냐와 같다'는 작가 애니 딜라드의 말처럼, 오늘 하루하루는 나의 삶을 이룹니다. 지금 살고 있는 하루의 여정 속에서 행복의 비밀을 찾아가는 일상의 여행자들께 여행의 친구로 이 책을 드립니다. 따뜻한 친구가 되었으면 좋겠습니다.

Good luck to you!

SPECIAL THANKS TO

지난여름부터 작은 워크숍을 함께해준, 도시 여행자를 위한 내셔널트러스트 아카데미 1기 기획자 허주희 님, 자신만의 아이디어 박물관 수집 목록을 아낌없이 주고 반짝이는 글까지 전해준 석양정 님, 세상과 소통하는 소셜 아티스트로 데뷔한 김영채 님께 감사드립니다. 다른 나라에서 다른 시각을 보여주시는 양세진 님, 반짝이는 브레인들의 교집합이자 옛 직장 동료 송혜원, 이동희, 채광현 님, 세상을 이롭게 하는 소셜 서비스 기획자 정경희 님, 공공의 가치를 위해 일하는 김예림 님, 독서광 한예은 님의 도움도 컸습니다. 무엇을 하든 나를 응원해주는 지적인 최은희 님, 스마트한 은경과 다정한 은선, 항상 고맙습니다. 나의 빈칸을 메워주는 정협은 음악적 감성을 조언했으며 지윤은 섬세한 눈으로 따뜻하게 지지해주었습니다.

인스타그램에 올린 '선유도의 내 자리 이야기' 발췌를 흔쾌히 허락해주신 『서울, 공간의 기억 기억의 공간』 저자 홍익대 건축대학 조한 교수님, 작품 〈야간작업〉 게재를 허락해준 아티스트 리사 스월링, 〈도토리 6형제〉 게재를 허락해준 디자이너 서채홍 님께도 감사드립니다. 한국내셔널트러스트의 인연으로 만나게 된 정소정 스타일리스트, 박연화 연구원, 김금년 선생님, 엄문희 여행 작가, 최상미 문화예술 파워블로거께도 일상의 새로운 눈을 빌렸습니다. 양인수 이사님도 좋은 분들의 링커가 되어주셨습니다. 무엇보다 일상 여행 내내, 길을 잃지 않도록 디렉팅해준 에디터 김화 님께도 특별한 사랑을 전합니다.

How to use this book

우리는 매일 일상으로 여행을 떠난다. 하루를 여행하면서 머물러 쉬고 싶을 때도 있고(relax), 반짝이는 영감이 찾아오기를 기다리기도 한다(inspire). 때로는 이방인이 되어 감각적인 탐험을 시작하기도 한다(explore). 일상에서 잠시 동안 '물 흐르는 듯, 시간이 정지된 듯' 행복한 몰입에 빠지기도 한다(flow). 스트레스를 받은 후에는 다시 평온한 마음으로 돌아오기 위한 재충전도 꼭 필요하다(refresh). 릴랙스, 인스파이어, 익스플로어, 플로우, 리프레시는 서서히 더 깊은 행복으로 가는 단계일 수도 있고, 다음으로 건너갈 필요 없이 그 상태만으로 충분할 수도 있다.

지금 당신에게 필요한 것은 어떤 단계인가. 이 책은 날짜별로 골라 읽을 수도 있지만, 오늘 하루 누릴 수 있는 행복을 발견하기 위해 떠나야 할 여행의 장소가 어디인가에 따라 펼쳐볼 수도 있다. 오른쪽 페이지의 그림을 참고해서 나에게 필요한 페이지를 찾아보자.

휴식으로의 여행 relax
반복되는 일상에 지쳤다고 느낄 때, 그냥 아무것도 하지 않고 쉬고 싶을 때 필요한 여행이다. 이 그림이 있는 페이지를 펼치면 아무것도 하지 않기, 혼자 시간 보내기, 쓸모없는 일 하기, 샤워하기, 명상하기, 잠자기, 푹 쉬기, 편안한 공간에 머물기 등 휴식으로의 여행에 필요한 도움을 받을 수 있다.

영감으로의 여행 inspire
내 안에 숨 쉬는 열정을 톡 건드려줄 뭔가가 절실할 때, 생동감 있는 순간을 느끼고 싶은 사람에게 필요한 여행이다. 이 그림이 있는 페이지를 펼치면 상상하기, 햇볕 즐기기, 자연과 함께하기, 긍정의 주문 걸기, 빈칸 채우기, 여행 지도 그리기, 오감으로 느끼기, 낯선 공간에 머물기 등 영감으로의 여행을 떠날 수 있다.

탐험으로의 여행 explore
새로운 눈으로 일상을 바라보고 싶을 때, 내 안의 새로운 나를 발견하고 싶은 사람에게 필요한 여행이다. 이 그림이 있는 페이지를 펼치면 안 하던 일 시도하기, 공연과 전시 즐기기, 동네 여행하기, 요리하기, 모임 초대하기, 습관 돌아보기, 수집하기, 만들기, 소품 사기, 선물하기, 디테일에 관심 갖기 등 탐험으로의 여행에 필요한 아이디어를 얻게 된다.

몰입으로의 여행 flow
더도 덜할 것도 없는 온전한 행복을 누리고 싶을 때, 나를 잊고 시간도 잊어버릴 만큼 몰두하고 싶은 사람에게 필요한 여행이다. 혼자 여행하기, 좋아하는 음악 듣기, 고요한 공간에서 글 쓰고 그림 그리기, 이방인처럼 외부 세계 관찰하기, 낯선 눈으로 나를 관찰하기, 창조적 활동하기 등에 빠지고 싶다면 이 그림이 있는 페이지를 펼쳐보자.

재충전으로의 여행 refresh
스트레스에 지쳐 부정적 에너지가 많이 쌓였을 때, 쳇바퀴처럼 도는 지금의 일상에서 빠져나오는 계기를 만들고 싶은 사람에게 필요한 여행이다. 어린아이의 눈으로 일상의 재미 발견하기, 작은 성취 돌아보기, 기억의 창고 뒤지기, 불편함 시도하기, 달달함 충전하기, 위로의 물건 찾기, 우정 재발견하기 등에 관심이 간다면 이 그림이 있는 페이지를 펼쳐보자.

"일출과 일몰은 매일 있으니까,
맘만 먹으면 너도 아름다움의 길에 들어설 수 있어."

– 영화 〈와일드〉 중에서

January

1 JANUARY

새해 첫날, 소소한 다짐의 인증샷 찍기

여유롭게 시작한 새해 첫날 아침. 새로 산 스케치북의 하얀 도화지 첫 장에 올해 꼭 바꾸고 싶은 다짐 몇 가지를 큰 글자로 적어서 두 손으로 들고 밝은 표정으로 인증샷 남기기. '이것만은 바꾼다' 또는 '이것만은 지킨다'는 제목 아래, 올해 스스로와 약속한 다짐의 글을 적는다. 먼 목표나 단호한 결심보다는, 일상에서 실천할 수 있는 소소한 목록이 좋다. 따뜻한 봄날쯤 이 사진을 꺼내 보면서 잊혀가던 스스로와의 약속 다시 떠올리기. 몇 년 치가 쌓이면 새해 다짐의 변천사도 볼 수 있어 즐겁다.

프란치스코 교황의 새해 결심 열 가지 험담하지 않기, 음식 남기지 않기, 다른 사람을 위해 시간 내기, 검소하게 생활하기, 사람을 판단하지 않기, 기쁘게 살기······. 프란치스코 교황이 2015년 초에 발표한 새해 결심 열 가지의 대부분은 일상의 작은 다짐들이다. 욕심내지 않고 이 중에서 두세 가지만이라도 지키기로 한다면 새해 첫 출발이 가벼워진다.

2 JANUARY

여행 지도 스케치

올해 여행해보고 싶은 나라. 세계지도에서 그 나라를 찾아서 국경선을 따라 지도를 그려보자.

유난히 붉은 모래사막, 컬러풀한 물건들이 쌓여 있는 모로코 시장 사진에 이끌려 모로코를 가보고 싶었다. 지도를 펼쳐보니 모로코는 유럽의 관문인 이베리아 반도 서남단의 지브롤터와 가까운 아프리카 북부에 있고, 모양은 한 입 베어 문 파이처럼 생겼다. 영화 〈카사블랑카〉의 촬영 무대가 모로코이고, 알베르 카뮈의 『작가수첩』에 나오는 여름날의 '오랑'이 모로코와 가까운 곳이라는 걸 지도를 그리면서 알았다. 손으로 지도를 그려보면 그 나라가 더 가깝게 느껴진다. 언젠가 여행할 날을 상상하며, 내 손으로 그린 지도를 잘 보이는 자리에 붙여놓기.

지도 찾는 법 구글에서 나라 이름을 검색하면 오른쪽 맨 위 검색 결과에 그 나라 지도가 나온다.

3 JANUARY

빈 페이지

비어 있는 옆 페이지에 뭔가 좋은 걸 쓰자. 매일 나에게 생긴 좋은 일 하나씩 적는 습관 만들기. 작가 앨리스 모스 얼의 말처럼 '매일이 좋을 수는 없다. 그러나 매일 좋은 뭔가가 있다'. 아주 사소한 일도 하루하루 빠지지 않고 적으면, 1년에 365가지 좋은 일이 쌓인다.

오늘 생긴 좋은 일

4 JANUARY

"대화를 할 때 같은 얘기를 두 사람이 나눠 하는 게 아니라 다른 얘기를 서로가 쌓아가는 느낌이거든요. 제가 X축으로 간다면 (중혁 작가님은) Y축으로 가서 그 좌표평면 안에서 재미있는 그림이 그려지는 식으로요."
— 이동진, 〈채널예스〉 인터뷰 중에서

빨간책방 순례

책을 읽지 않아도, 책을 다 읽은 것처럼 뿌듯해진다. 팟캐스트 〈이동진의 빨간책방〉은 두 남자(영화 평론가 이동진, 소설가 김중혁)가 만나 한 권의 책을 섬세하게 읽어주는 시간이다. 달랑 한 권으로 차리는 밥상인데도, 잘 차린 만찬처럼 화려하고, 소풍날 도시락처럼 아기자기하다. 책을 대신 읽어주는 〈빨간책방〉을 들으면, 그 책이 잘 아는 사람처럼 친근해지고 내 책꽂이에 소장하고 싶어진다.

오늘 하루 〈빨간책방〉, 일명 〈빨책〉의 팬이 되어 〈빨책〉 순례를 해볼까. 〈빨간책방〉 팟캐스트 들으며 지하철 타고 빨간책방 북카페 찾아가기. → 빨간책방 북카페에 진열된 팟캐스트 추천 책 사기. → 북카페에서 여유롭게 차 마시며 책 읽기.

빨간책방 북카페(facebook.com/redbookcafe) 팟캐스트 〈빨간책방(빨책)〉 마니아들을 위해 북카페까지 생겼다. 북카페에서는 그동안 팟캐스트에서 소개해온 책들을 판매하며, 한 달에 한 번은 3층 스튜디오에서 공개 팟캐스트를 진행한다. 마포구 독막로 27(지하철 2·6호선 합정역 6번 출구)에 위치.

5 JANUARY

자유적립식 자존감 적립 통장 개설

은행에는 없는 '자유적립식 자존감 적립 통장' 개설하기. 자존감을 적립해두었다가 어느 날 자존감이 바닥에 떨어졌다고 느낄 때 꺼내 쓸 수 있는 통장. 좋은 사람을 만나 좋은 이야기를 들었을 때, 좋은 그림이 나에게 말을 걸어왔을 때, 책 속의 글 한 줄이 나를 응원할 때마다 드높아지는 자기 존중감을 적립한다. 셀프리스펙트(self-respect). 그 누구도 아니고, 자기를 존경한다는 느낌. 아주 작은 거라도 그때그때 적립하면 이자가 복리로 쑥쑥 불어난다. 무엇보다 나를 존중하는 만큼, 타인도 존중하게 되고, 서로 존중하게 되는 긍정의 통장이다.

6 JANUARY

'기쁨 감사'가 우리가 사는 별의 요술 암호다.
– 강익중, 시 「내가 아는 것」 중에서

오늘의 감사 한 줄

아침에 눈뜨자마자 오늘 감사할 일 하나씩 적기.

따뜻한 침대에서 눈뜨는 아침에 감사.

매일 하는 일이 있음에 감사.

아침에 마시는 뜨거운 커피 한 잔에 감사.

매일 노트에 한 줄 적다 보면 365일 감사의 나날들.

7 JANUARY

어떤 사람들은 자신의 경험 — 하찮고 일상적인 경험 — 을 잘 관리함으로써 그것을 경작 가능한 땅으로 만들어 1년에 세 번 열매를 맺게 한다.
– 프리드리히 니체, 알랭 드 보통의 『여행의 기술』에 인용됨

오늘의 성취 한 줄

침대 옆에 놓아둔 노트에 오늘 내가 성취한 일 하나씩 적기. 사소한 일도 성취다. 웹스터 사전이 정의한 성취는 '뭔가 한 일 something done'. 아침에 평소보다 일찍 일어난 것도 성취, 술자리에서 망가지지 않은 것도 성취, 엘리베이터 대신 계단으로 걸어 올라간 것도 성취, 책을 한 줄이라도 읽은 것도 성취, 미루지 않고 제 시간에 일을 끝낸 것도 성취. 스스로 뿌듯한 일상의 작은 성취를 기록해보자. 성취감이 쌓일수록 자존감이 높아지고 남의 인정을 받지 않아도 당당한 내가 된다. 매일 아침 감사 한 줄, 매일 저녁 성취 한 줄을 모으면 바로 나의 긍정 노트.

8 JANUARY

책의 숲 속에서

일을 마친 저녁, 대형 서점 안에 있는 카페 가기. 서가가 보이는 자리에 앉아 오늘 구입한 새 책을 읽는다. 책 숲에 앉아 책들이 내뿜는 피톤치드에 둘러싸여 몰입하는 즐거움. 느긋하게 책을 읽으며 저녁 시간을 보내는 여유.

책 읽기 좋은 서점 교보문고 영등포 타임스퀘어점, 영풍문고 여의도 IFC점에는 서점 안에 분위기가 아늑한 카페가 있다. 주말엔 붐비지만, 평일 저녁 시간에는 한적해서 혼자 책 읽기 좋은 공간이다.

9 JANUARY

특별한 사람

Be ~~with~~ someone that makes you happy.

너를 행복하게 할 누군가와 ~~함께하세요~~가 되세요.

— 그래피티 아티스트 뱅크시 혹은 확인되지 않은 뱅크시의 낙서

10 JANUARY

해맞이 재도전

새해 첫날 일출을 보지 못했다면 오늘 재도전하자. 꼭 밤새 차를 달려야 갈 수 있는 강릉 정동진이나 포항 호미곶일 필요는 없지 않은가. 내가 사는 도시의 가까운 일출 명소를 찾아가자. 걸어서 한두 시간이면 오를 수 있는 산 정상이나 공원의 광장도 해맞이 장소로 좋고, 도시를 끼고 흐르는 강이나 바다에서 맞는 해맞이는 더욱 특별하다. 매년 1월 초 해 뜨는 시각은 7시 30분경. 평소보다 아침에 조금 일찍 움직이면 가까운 곳에서 해돋이를 볼 수 있다. 차가운 겨울 아침, 보온병에 담아 온 뜨거운 커피로 차가운 입김 녹이며 미처 빌지 못했던 새해 소원 빌기.

도시 해돋이 명소 **서울연구원 추천** 안산 봉수대, 올림픽공원 망월봉, 대모산 정상, 일자산 해맞이광장, 아차산 해맞이광장, 응봉산 팔각정, 배봉산 전망대, 하늘공원 등 19곳. 서울 일출 명소 인포그래픽(si.re.kr/node/50723) 참조. **한국관광공사 추천** 서울 남산과 선유도, 부산 해운대, 대구 앞산, 대전 보문산 등. 대한민국 구석구석(korean.visitkorea.or.kr) 참조. **일출 예상 시간** 한국천문연구원(kasi.re.kr) 참조.

11 JANUARY

증명사진 프로젝트 '나'

사진 세 장으로 나를 증명하기. '나는 누구인가? 나를 가장 잘 보여줄 수 있는 공간 세 곳은 어디일까? 어떤 포즈가 어울릴까?' 30세 직장인 L이 원하는 증명사진 세 장은 이런 모습이다.

❶ 연두색 풀이 싱그럽게 우거진 야외에서 차렷 자세로 찍은 전신사진. 유니클로 광고사진처럼 담백하게.

❷ 한남동 카페 톨릭스처럼 어둑어둑하고 모던한 카페, 까만 테이블에는 하얀 머그가 놓여 있고 조곤조곤 수다를 즐기며 카페라테 마시는 모습.

❸ 그릇 마니아의 일요일 오후. 선물받은 리넨 앞치마를 입고, 아끼는 빨간 스타우드 코코테 냄비로 요리하는 옆모습.

이 모습들은 L을 잘 말해주는 듯하다. 유명한 인물 전문 사진작가가 사진을 찍어준다면, 나는 어떤 공간에서 어떤 자세로 있고 싶은가? 나를 가장 잘 증명할 수 있는 사진 세 장 찍어보기.

사진작가 핸디가 인물 사진 찍는 법 영국의 경영 그루인 찰스 핸디의 부인이자 사진작가 엘리자베스 핸디는 인터뷰 대상자에게 어디서 사진을 찍히고 싶은지 선택권을 준다. 성공한 사람들은 예상과 달리 일터보다는 집을 촬영 장소로 더 많이 선택했다. 핸디 부부가 함께 낸 인터뷰집 『홀로, 천천히, 자유롭게』에는 CEO들이 주방에서 요리를 하거나, 맨발로 정원을 가꾼다든가 하는 사진들이 담겨 있다. 핸디의 사진들처럼 왠지 끌리는 공간에서 찍은 사진 속에서 자신도 모르는 자화상을 발견하게 된다.

12 JANUARY

소리 내어 읽는 『어린 왕자』

생텍쥐페리의 『어린 왕자』를 매일 한 페이지씩 소리 내어 읽기. 몇 번이고 읽었거나 너무 많이 들어서 읽은 거나 다름없어도, 소리 내어 읽는 『어린 왕자』는 다르게 다가온다. 『어린 왕자』의 첫 페이지는 '맹수를 꿀꺽 삼킨 보아뱀 그림 이야기'가 아니다. '레옹 바르트에게' 쓴 편지에서 시작한다. 유명한 문장 '어른들도 누구나 다 처음엔 어린아이였다'가 들어 있는 편지부터 매일 시간을 정해 소리 내어 읽어보자. 『어린 왕자』처럼 어른을 위한 다른 동화를 찾아서 소리 내어 읽어도 좋다. 눈으로 읽는 것과 소리를 내어 읽는 것은 확연히 다르다. 내 목소리를 내 귀로 들은 책이 오래 남는다.

『어린 왕자』 작가이자 비행기 조종사 앙투안 드 생텍쥐페리는 1944년 사막에서 비행기와 함께 영원히 사라졌다. 작가 사후 50년이 지나 저작권이 소멸한 『어린 왕자』는 번역본이 다양한데, 소리 내어 읽다 보면 번역이 잘된 문장인지 아닌지 금방 알 수 있다.

13 JANUARY

내가 당신의 얼굴을 볼 때, 단 한 가지도 바꾸고 싶은 게 없어요.
당신은 놀랍거든요. 당신이 있는 그대로.
— 브루노 마스, 〈Just the Way You Are〉 노랫말 중에서

나는 아름답습니다

"나는 있는 그대로 완벽하고, 아름답습니다."
매일 아침, 거울 속 나의 두 눈을 바라보며, 부드럽게 미소를 지은 채 '긍정의 주문'을 세 번씩 소리 내어 외워보자. "나는 있는 그대로 완벽하고, 아름답습니다. 나는 있는 그대로 완벽하고, 아름답습니다. 나는 있는 그대로 완벽하고, 아름답습니다." 365일 하루도 빠짐없이 주문을 외우면 뇌는 정말 그렇다고 믿게 된다. 사실이 그렇다.

14 JANUARY

태그 릴레이 놀이

누가 맨 처음 시작했는지 모르지만, 릴레이하면서 훈훈해지는 손글씨 태그 놀이. 인스타그램에서 새로운 태그 놀이를 시작해볼까? #손글씨 태그처럼 아날로그스럽게, 아무 페이지나 펴서 눈에 띄는 글을 적는 #책장난 태그처럼 부담 없이, 소소한 내 이야기를 할 수 있는 #카톡배경화면릴레이 태그처럼 잔잔하게. 사람들 사이를 따뜻하게 이어주는 태그 놀이를 만들어보자.

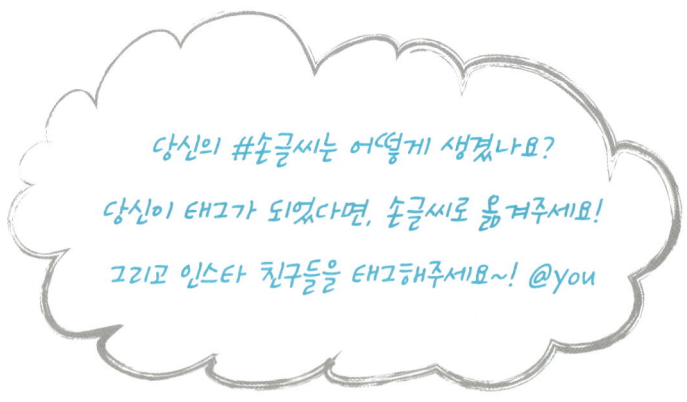

당신의 #손글씨는 어떻게 생겼나요?
당신이 태그가 되었다면, 손글씨로 옮겨주세요!
그리고 인스타 친구들을 태그해주세요~! @you

15 JANUARY

매 15일은 외국 요리에 도전하는 날

매월 하루, 예를 들어 매 15일마다 이국의 요리에 도전하자. 우리가 잘 알고 있는 베트남, 인도, 이탈리아, 프랑스 요리를 시작으로, 코트디부아르처럼 낯선 나라의 요리에도 도전하는 거다. '죽기 전에 꼭 먹어야 할 외국 요리 100가지'를 모두 그 나라에 직접 가서 먹을 수는 없어도, 내 주방에서 도전은 해볼 수 있다! 요리를 담기에 적당한 에스닉 그릇도 한 달에 하나씩 수집하면 어떨까?

16 JANUARY

겨울의 한가운데에서 나는 마침내 내 속에 억누를 길 없는 여름이 담겨 있다는 것을 깨달았던 것이다.
— 알베르 카뮈, 『결혼. 여름』 중 「티파사에 돌아오다」에서

나에게 아낌없이 주는 나무

걸어서 30분 이내에 닿을 수 있는 거리에 내 나무를 정해둘 것. 동화 『아낌없이 주는 나무』에 나오는 나무처럼 튼튼하고 가지가 넓게 뻗어 있으며, 페르시아 왕자처럼 잘생긴 나무를 찾아 선택한다. 느티나무, 벚나무, 미루나무, 소나무 등 오래 살아온 고목이라면 더 좋다. 스마트폰 배터리가 완전히 방전되듯 내 에너지가 바닥까지 고갈된 날, 내 나무를 찾아간다. 나무의 가슴에 손바닥을 대고 충분히 충전될 때까지 기다린다. 찬바람이 부는 한겨울에도 나무에 손을 대면 온기가 느껴진다. 콘크리트의 차가움과 다른 생명의 따뜻함이다. 나무와 계속 만나다 보면 서로 '잘 있었니?' 하는 인사를 나누는 사이가 된다. 그러다 어느 날 문득 내 나무도 충전이 필요할 때가 있음을 느낀다. 그때는 내 충만한 에너지를 아낌없이 보내준다.

17 JANUARY

그럼 어디서 글 쓰는 법을 배웠느냐 하면 음악에서 배웠거든요. 거기서 뭐가 제일
중요하냐 하면 리듬이죠. …… 읽는 이를 앞으로, 앞으로 보내는 내재적 율동감이랄지…….
– 오자와 세이지 & 무라카미 하루키 공저, 『오자와 세이지 씨와 음악을 이야기하다』 중에서

한겨울밤의 음악 일기

좋아하는 음악을 들으면서, 연주 시간 동안 일기 쓰기.

클래식이든, 재즈든,

추운 겨울밤에 어울리는 곡을 고르자.

음악을 들으면서 떠오르는 생각을 자유롭게 쓰기.

오직 이 음악에 집중하며 악기 소리 하나하나에

몰입하면서 느낌을 적는다.

18 JANUARY

외할머니네 집 검색하기

다음 로드 뷰나 구글 어스에서 추억의 장소 검색해서 찾아보기. 예를 들어 어릴 적 놀러 갔던 시골 외할머니 댁을 위성사진으로 검색해보자. 겨울방학 때 놀러 가서 무서워했던 대나무 숲 우는 소리, 그네를 타던 소나무 숲 뒷동산이 보일지도 모른다. 외갓집에는 이제 외할머니가 안 계신데도, 왠지 그 창문을 내다보는 분이 외할머니일 것 같다. 다음 로드 뷰 이용 후기 중에 할머니가 찍혀 있어서 뭉클했다는 사연들도 있다. 어릴 적 살았던 집이나 집 근처 초등학교도 로드 뷰에서 찾아보자. 어쩌면 어릴 때 내 친구가 찍혀 있을지도.

19 JANUARY

내 삶을 빛내준 너에게 주는 카드

오늘은 고마운 사람에게 전달할
'You light up my life' 카드 만드는 날.

감사 카드 아이디어(라이프스타일 매거진 〈realsimple.com〉 참고) **준비물** 생일 케이크에 끼워주는 작은 초 3~5개, 카드 크기로 자른 색도화지, 양면테이프 **만들기** ① 카드 앞면에 초를 나란히 붙인다. ② 초 아래 You light up my life라고 적는다.

20 JANUARY

나의 (사진)은 바로 나 자신이다.
– 린다 매카트니, 대림미술관 '린다 매카트니 사진전'에서

나를 말하는 (빈 칸) 채우기

나의 (　　　)은 바로 나 자신이다.
나를 가장 잘 말할 수 있는 일, 취미, 꿈
어느 것이나 키워드를 하나만 적어보자.
나와 동일시되는 열정이 없으면
즐거운 순간을 보내고도 조금은 허전하다.
(　　　) 안에 그것이 곧 나라고
할 수 있는 것을 명확하게 정의하기.

21 JANUARY

"음악은 확실히, 때때로, 항상 우리가 하고 있는 작업에 방향을 제시합니다.
(어떤 느낌이냐면) 음악 한 곡을 들으면 당신이 모르는 사이에 뭔가에 사로잡히게 됩니다.
그 느낌이 바로 그 순간 당신이 하고 있는 작업에 퍼져 나갑니다."
– 크리스토퍼 베일리, 『가디언』 인터뷰 중에서

스무 살의 인스피레이션

나에게 영감을 주는 건 무엇인가. 어설프고, 다듬어지지 않았지만, 스무 살 영감을 늘 불어넣는 그 무엇은? 1856년 영국의 시골 마을에서 문을 연 버버리의 160년 역사에서 배우는 내 안의 스무 살 깨우기.

버버리 어쿠스틱(kr.burberry.com/acoustic)의 뮤직비디오를 찾아보자. 버버리 어쿠스틱은 영국의 패션 브랜드 버버리에서 젊은 뮤지션들을 후원하는 프로젝트. 아마추어 뮤지션들은 그들이 태어나서 자란 시골, 자주 가는 공원, 별다를 것 없는 도시의 골목에서 음악을 들려준다. 타인이 다듬지 않은 자신들만의 신선한 느낌 그대로. 지역의 뮤지션들을 발굴하여 버버리 어쿠스틱을 통해 데뷔시켜 주고, 그들의 음악을 패션쇼 배경음악으로 사용하는가 하면, 때로 모델로 패션쇼에 등장시키기도 하는 사람은 버버리의 최고 경영자 크리스토퍼 베일리. 서른 살에 전격 영입돼 160년 역사의 버버리를 노인 이미지에서 스무 살 이미지로 바꾼 디자이너. 그는 음악에서 영감을 얻는다. 버버리 어쿠스틱 프로젝트를 후원하고, 회사 안에 전속 뮤지션들도 두고 있다. 영감이 떠오르지 않을 때면 음악을 들려주거나 대화를 나눠줄 뮤지션들이다. 베일리에게 음악이 풋풋한 영감의 원천이라면, 내게 스무 살 감성을 깨워줄 그 무엇은?

22 JANUARY

김광석의 51번째 생일. 그를 추억하는 시간.
LP로 듣는 김광석.
이등병의 편지. 서른 즈음에. 기다려줘.
잊어야 한다는 마음으로…….
– 여행 작가 엄문희. 친구의 삼청동 골방에서 쓴 페이스북(munhee.oum) 포스팅 중에서

김광석 음악 여행

가수 김광석이 태어난 오늘, 매년 1월 22일의 음악 여행. 음악을 좋아하는 친구들과 모여 작은 음악회를 열어본다. LP 플레이어가 있어서 지직거리는 음이 섞여 들면 더 좋고, 없으면 없는 대로 CD 플레이어로 김광석의 노래를 들으며 이야기를 나누는 시간. 좀 바보 같았던 지난날들의 이야기를 편하게 풀어놓게 될지 모른다. 혼자 들으면 우울해질 수 있는 김광석의 음악도 사람들과 이야기를 나누며 함께 들으면 슬픔과 기쁨이 적절히 배합된다. 뭔가 기분 좋은 우울이랄까.

23 JANUARY

순수하게 현재를 경험한다는 것은 마음을 비우고 텅 빈 상태가 되는 것을 의미한다.
– 애니 딜라드, 『자연의 지혜』 중에서

pause−일시 정지

5분 동안 아무것도 하지 않기. 스마트폰 열지 않기(문자나 채팅, SNS도 물론 멈추기). 웹서핑하지 않기. 책 읽지 않기. 좋은 생각이 떠올라도 메모하지 않기. 숨 쉬기 외에 아무것도 하지 않기. 처음엔 10초도 쉽지 않다. 생각보다 5분이 길게 느껴진다. 의도적으로 비워놓은 5분의 시간에 온전히 머물러 있어 보라. 날마다 5분의 비움을 계속 하다 보면, 마음이 차분해지면서 집중하는 힘이 생긴다.

24 JANUARY

100퍼센트 긍정의 생각이 기적을 만든다.
– 일선 이남순. 딸 김반아의 『살림이야기』 인터뷰에 인용됨

나의 소리함

현관 벽에 '나의 소리함' 걸어놓기.
고객의 소리함처럼, 나를 칭찬하는 글,
바뀌었으면 하는 습관 등
나에게 전하고 싶은 의견을
쪽지에 적어 넣는다.
어느 정도 시간이 지났을 때
쪽지를 꺼내 남이 넣어둔 쪽지처럼
큰 소리로 읽는다.

25 JANUARY

지구를 잊고 뜨거운 샤워

밖에서 추위에 떤 날, 뜨거운 물에 샤워하기. 오늘은 지구를 잊고 뜨거운 물을 더 많이 틀어 물줄기에 몸을 맡겨보자. 피부가 발갛게 되도록 뜨거운 물줄기를 맞으면서, 얼었던 몸과 마음을 녹이는 시간.

26 JANUARY

세계유산 지도의 보물 1,000가지

유네스코 세계유산 지도에서 지구와 사람이 남긴 최고의 아름다움 찾아보기. 유네스코 지정 세계유산은 전 세계 자연유산과 문화유산, 자연과 문화 복합유산을 합쳐 1,000곳을 넘으니, 하루 한 곳만 알아봐도 3년 가까이 걸린다. 어릴 적 두꺼운 백과사전을 뒤질 때처럼, 찾아도 찾아도 끝이 없는 지구 보물을 하나씩 발견하는 기쁨이 있다.

유네스코 세계유산(UNESCO World Heritage, whc.unesco.org) 2014년 12월 기준으로 1,007곳이 지정돼 있다. 문화유산 779점, 자연유산 197점, 복합유산 31점 등.

27 JANUARY

같은 곡, 다른 해

같은 피아노곡을 다른 해에 녹음한 버전 비교해서 들어보기. 피아노를 치며 콧노래를 부르고, 연주회 때 자신의 낡은 의자를 피아노 앞에 놓아야 안심했다는 피아니스트 글렌 굴드(1932~1982). 그가 연주한 바흐의 골드베르크 변주곡 두 가지 버전을 들어보자. 그는 바흐의 골드베르크 변주곡을 1955년 데뷔곡으로 녹음하고, 세상을 떠나기 1년 전인 1981년에도 마지막으로 녹음했다. 글렌 굴드가 연주한 바흐를 좋아하는 마니아라면 두 연주를 놓칠 수 없다. 20대의 연주가 빠르고 열정적인 데 비해, 말년의 연주는 느리고 여유롭다. 두 연주를 비교해 들으려는 마니아들이 많아서 한 장의 CD로 출시돼 있다. 유튜브에서도 찾아 들을 수 있는 바흐의 골드베르크 변주곡의 두 가지 버전. 어떤 연주가 더 좋은가. 계절에 따라, 날씨에 따라, 그날의 리듬에 따라 두 가지 중에 더 다가오는 연주가 있다.

곡명 Bach, Goldberg Variations, Partitas 1-6 & Concerto BWV 974

28 JANUARY

좋은 사람은 나를 좋아하는 사람이 아니라, 나를 좋은 사람으로 만들어주는 사람입니다.
– 서태지, 서태지밴드 전국 투어 '콰이어트 나이트 Quiet Night' 공연에서

좋은 나를 만들어주는 사람

나를 좋은 사람으로 만들어주는 사람을 떠올려보기. 나보다 나를 더 좋아하는 친구일까. 이상적으로 생각하는 롤 모델일까. 내 얘기를 다 들어주면서 고개를 끄덕이는 사람. 언제나 긍정의 에너지를 보내주는 사람. 바람이 차가운 겨울, 그늘에 있다가 따스한 햇볕 아래 섰을 때 같은 느낌. 말없이 내 편을 들어줄 것 같은 사람을 떠올려본다. 나도 그 사람을 좋은 사람으로 만들어줄 것 같은, 그런 사람을.

29 JANUARY

제가 왜 꿈이 없는지 알겠어요. 지금 너무 행복해서 이대로 살았으면 좋겠어요.
– 장 자크 상페, 「꼬마 니콜라」 중에서

달콤한 잠

죄책감 없이 잠자리에 들기. 이불 속에 들어갈 때만큼은 낮에 못 한 일, 하지 못해서 아쉬웠던 말, 내일 해야 할 일 따위는 떠올리지 말고, 세상에서 제일 행복한 사람이라는 최면을 걸어보자. 침대 옆에는 항상 책 서너 권이 서로 읽어달라고 조르고 있어서 책이 시샘하지 말라고 이 책 저 책을 펼쳐 들다가 스르르 잠에 빠진다. 깊고 달콤한 잠에…….

30 JANUARY

여행 도서관

여행 도서관 '트래블 라이브러리'에서 탐험의 하루 보내기. 현대카드에서 운영하는 트래블 라이브러리는 전 세계에서 엄선한 여행 책들을 잘 차려둔 '여행 부티크' 같은 공간이다. 입구에는 이국의 도시로 출국을 알리는 아날로그 비행 안내판이 있고, 그 옆에서 출국 수속을 밟듯 방문자 카드를 받는다. 1층에서 탑승구 같은 계단을 올라가면 1.5층에는 작은 여행 테마 갤러리가 있다. 나선형 계단을 따라 2층으로 올라가면 천장이 높은 다락방처럼 아늑한 공간이 펼쳐진다. 미지의 세계를 탐험하러 열기구에 오른 사람처럼 이곳저곳 책장을 돌아다니며 자유롭게 여행 책 탐험하기. 『내셔널 지오그래픽』의 창간호부터 전권(1,465권), 전 세계 196개국 가이드 북과 주요 도시 지도, 각 나라 풍경 사진집 등 국내에서 구하기 어려운 여행 책들이 많다. 2층에서 여행 책을 넘기다가 1층으로 내려와 북카페의 넓은 테이블에서 차 한 잔을 마시는 여유. 뚜르 드 카페, 일단멈춤 등도 상상의 여행을 떠나기에 좋은 장소.

여행 테마 공간 **현대카드 트래블 라이브러리(library.hyundaicard.com)** 화~토요일 12~21시, 일요일 11~18시 문을 연다. 현대카드 회원과 동반 2인(만 19세 이상, 월 8회 한정) 무료 입장. 강남구 선릉로152길 18(분당선 압구정로데오역 4·5번 출구)에 위치. **뚜르 드 카페(facebook.com/hanatourdecafe)** 하나투어 운영 여행 카페. 홍대점, 분당점, 강남점이 있다. **여행 책방 일단멈춤(facebook.com/stopfornowbooks)** 독립 출판 여행 책이 많은 동네 책방. 마포구 숭문16가길 9(지하철 2호선 이대입구역 5번 출구)에 위치. **에어카페 비행기** 비행기 기내식을 제공하는 여행 카페. 기내 좌석처럼 꾸민 실내에서 여행 책들을 보면서 여행 상담도 가능. 마포구 독막로7길 42(지하철 2·6호선 합정역 3번 출구)에 위치.

31 JANUARY

승리 뒤에는 언제나 견딜 수 없는 허망함이 찾아오고
패배 뒤에는 언제나 새로운 열정이 솟아나면서 위안이 찾아온다.
— 베르나르 베르베르, 「상대적이며 절대적인 지식의 백과사전」 중에서

사소하고 쉬운 다짐

새해의 한 달이 끝나는 날, 새해 다짐 중 한 번도 지키지 못한 목록 살펴보기. 적게 먹고 많이 운동하기, 책 많이 읽기, 험담하지 않기, 아침에 30분 일찍 일어나기, 밥 먹을 때 텔레비전 끄기……. 새로운 다짐을 지키는 건 역시 쉽지 않다. 아무래도 지키기 어려울 것 같은 다짐들은 지우고, 2월부터 꼭 지킬 수 있는 쉽고 사소한 다짐을 다시 리스트 업!

행복의 진정한 비밀은
일상의 모든 디테일에 진짜 관심을 갖는 데 있다.

– 윌리엄 모리스, 「변화의 기운」 중에서

February

1 FEBRUARY

사람들은 당신이 그들보다 더 감각 있게 행동하면 그걸 행운이라고 부른다.
- 앤 타일러, 『우연한 여행자』 중에서

감각적인 행운

'오늘의 운세'가 시키는 대로 해보는 날.
행운을 주는 방향, 색상과 코디, 좋은 숫자, 갖고 있으면
행운을 주는 물건 등
오늘의 운세에 나온 행운 나침반을
따라 해보자.

오늘은 북서쪽으로 빨간색 옷을 입고,
9라는 숫자를 찾고, 다이어리를 갖고 나가면
좋은 일이 생길 거야.

2 FEBRUARY

아무도 모르는 비밀의 문에 들어가
마음 가득 소망을 담아 행복한 미소 짓고
몰래 눈물도 훔치고 오늘 이 노래를 부른다.
아득한 시간을 되돌아보고
모든 게 선명하지 않더라도
소중했던 추억이 기억들을 지워버린 나의 지난날들이
또 다른 내일을 묻는다.
- 제이레빗, 〈내일을 묻는다〉 노랫말 중에서

기억의 창고 만들기

'기억의 창고'를 만들어보자. 커다란 창고 같은 공간이 없어도 된다. 내 두 손으로 들 만하고, 튼튼해서 오래 보관할 수 있는 상자 하나면 충분하다. 그 속에 어린 시절 가지고 놀던 보물 같던 수집품, 예쁘진 않아도 내겐 추억으로 충분히 빛날 물건, 여행에서 만났던 특별한 순간을 기억할 수 있는 소품들을 차곡차곡 모은다. 늦은 밤 나만을 위한 핀 조명을 켜고 그 창고를 홀로 여는 순간! 일상 속에 잊고 있던 나의 빛나는 우주를 만나는 기쁨을 누릴 수 있다.

3 FEBRUARY

이국의 언어 하나

아리가토, 당케, 셰셰, 그라시아스, 나마스테……. '감사'의 표현은 여러 나라 말로 알려져 있다. 내가 좋아하는 술은 뭐라고 할까? 불어는 뱅(vin), 스페인어는 비노(vino), 러시아어는 바후스(бахус), 몽골어는 석터억치(согтоору) 등. 건배할 때는? 한 단어만 골라 이국의 언어들을 외워두자.

우연히 접속한 자전거 타기 캠페인 페이지(letsbikeit.ru). 알파벳 같기도, 그림 같기도 한 상형문자가 페이지에 가득하다. 가끔 해외 뉴스에서 본 아랍 문자는 가는 붓으로 그린 그림 같다. 자전거는 아랍어로 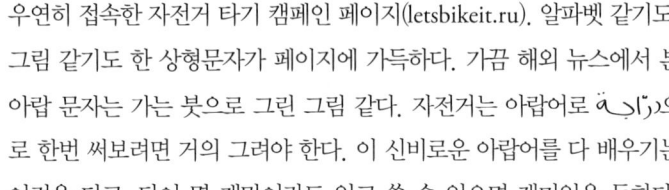으로 한번 써보려면 거의 그려야 한다. 이 신비로운 아랍어를 다 배우기는 어려울 터고, 단어 몇 개만이라도 읽고 쓸 수 있으면 재미있을 듯하다. 내 이름, 안녕, 감사, 술, 건배만이라도.

자전거
バイシクル
自行车
ВЕЛОСИПЕД
Xe đạp.
دراجة

4 FEBRUARY

진지한 입춘대길

봄이 시작되는 날 입춘에 입춘대길을 써서 붙여보라. 봄날에 좋은 일이 생기기를 기원하는 마음을 담아 진지한 궁서체로.

5 FEBRUARY

저가 항공권 예약하기

항공권 프로모션을 수시로 찾아보자. 특히, 저가 항공사에서 반짝 진행하는 프로모션의 기회를 잡아보자! 잘 뒤져보면 아시아 지역의 항공권을 10만 원대에 살 수도 있다. 아직 날짜가 많이 남았더라도 일단 예약. 일정이 맞지 않아 표를 날리더라도 그 기간 동안 여행에 대한 기대로 설레고 행복했던 것에 의미를 둘 수 있다. 여행을 준비하는 과정이 때로는 진짜 여행보다 즐겁다.

6 FEBRUARY

"두들(doodle, 낙서)의 공식적인 의미는 꾸물거리거나, 늑장부리거나, 장난을 치며 돌아다니거나, 의미 없는 부호를 그리거나, 가치 없고, 중요하지 않은, 의미 없는 일을 하거나, 그리고 개인적으로 맘에 드는 건데요, 아무것도 하지 않는 걸 의미하죠. …… 진실은 이런 것이죠. 낙서는 믿을 수 없이 강력한 도구이며, 우리가 기억하고 다시 배울 필요가 있는 도구입니다."
– 수니 브라운, 테드 강연 〈낙서장들이여, 단결하라!〉 중에서

낙서의 날

낙서의 날, 펜이 가는 대로 낙서를 하자. 매년 2월 6일은 영국에서 간질 어린이를 돕기 위해 만든 낙서의 날로 이날은 낙서도 하고 기부도 한다. 스노우맨을 그린 레이먼드 브릭스는 81세 생일을 막 지났지만, 색연필로 쓱쓱 그린 스노우맨 한 장을 기부했다. 낙서는 긴장을 풀어주는 힘이 있다. 손이 가는 대로 그리는 낙서는 내 마음의 지도.

7 FEBRUARY

머리 스타일 하나로 다른 사람이 되다니 정말 놀라워.
커튼 좀 열었다고 빛이 들어오는데 뭐가 놀라워.
– 악동뮤지션 〈가르마〉 노랫말 중에서

가르마 하나 바꿨을 뿐인데

가르마를 바꿔보자. 오랫동안 같은 방향으로 가르마를 하고 있어서, 절대~ 못 바꿀 것 같은 가르마를 바꾸는 방법이 있다. 머리를 감고 말릴 때 뒷머리가 모두 앞으로 쏟아지듯 드라이하는 게 포인트. 뒷머리가 앞머리 쪽으로 거의 넘어올 만큼 드라이를 해주면 가르마를 자유자재로 바꿀 수 있다. 왼쪽에서 오른쪽으로만 바꿔도 납작하게 눌려 있던 앞머리가 살아나고, 앞머리가 살아나면 훨씬 생기발랄해 보인다.

8 FEBRUARY

좋은 꿈 남겨주는 드림 캐처

나쁜 꿈은 빠져나가고,
좋은 꿈은 잡아주는 인디언들의 부적,
드림 캐처를 침실 창문에 걸어두자.

매일 밤 드림 캐처를 바라보며
좋은 꿈만 그물에 걸어 남겨주길 빌며
잠자리에 든다. 꿈속에서도, 아침에 눈 뜬 후
현실에서도 달콤한 꿈이 계속되길.

9 FEBRUARY

달달한 케이크 데이

가끔씩 달달함이 필요한 날이 있다. 기분이 꿀꿀하거나 아무 할 일이 없는 날, 조각 케이크를 먹으러 간다. 화려한 빛깔, 달콤한 맛의 유혹을 오늘은 뿌리치지 않기로 한다. 페이스북이나 인스타그램에 올라오는 예쁜 케이크집들을 캡처해뒀다가 찾아간다. 오래된 동네 빵집부터 여자 혼자 하는 조그만 케이크 전문점까지 돌아가며 방문해보기.

10 FEBRUARY

밤새 드라마 극장

그동안 보고 싶었던 드라마 한 시즌 분량을 처음부터 끝까지 챙겨 보기. 저녁에 집 안의 전등 다 끄고, 따뜻한 핫 초콜릿을 홀짝거리며 밤새워 어쩌다 놓쳤던 드라마에 빠져보자. 다음 날이 휴일이면 좋지만, 가끔은 평일 밤에도 미친 짓에 빠져보고 싶다. '제정신과 행복은 불가능한 조합'이라고 작가 마크 트웨인이 말했듯, 더러는 제정신이 아니라야 누릴 수 있는 행복도 챙겨야 한다.

카페처럼 핫 초콜릿 만드는 법 **준비물** 우유 거품기(다이소나 이케아에서 저렴한 핸디형으로 구입 가능), 핫 코코아(카페에서 애용하는 '기라델리 핫 코코아' 추천) 1봉, 초코 소스나 시나몬 조금 **만들기** ① 우유를 밀크 팬에 붓고 핫 초콜릿을 적당히 넣는다. ② 우유 거품기로 돌려서 거품을 내준다. ③ 따뜻해지면 예쁜 머그에 담는다. 하얀 머그컵에 담아 내면 예쁘다. ④ 초코 소스나 시나몬이 있으면 살짝 뿌려도 좋고, 마시멜로를 얹으면 달콤 사르르 핫 초콜릿이 완성된다.

11 FEBRUARY

카우치 서핑으로 외국인 초대하기

외국인 여행자를 집에 초대하고 싶다면, 카우치 서핑(couchsurfing.com)에 가입해보자. 내가 사는 동네에 외국인 여행자가 머물 곳을 찾고 있다면 숙박을 제공할 수 있다. 방을 제공할 여건이 안 되면, 만나서 관광지를 안내하거나, 한국말을 가르쳐주거나, 함께 파티에 참가해도 된다. 비용을 받는 에어비앤비와 달리, 카우치 서핑을 통한 숙박 제공은 무료. 내가 외국을 여행할 때도 카우치 서핑으로 숙소를 구할 수 있지만, 안전한지는 리뷰를 통해 잘 살펴봐야 한다.

카우치 서핑(Couch Surfing, 위키백과 참고) 여행하고자 하는 곳에서 현지인의 도움을 받아 무료 숙박이나 운이 좋다면 가이드까지 받을 수 있는, 여행자들을 위한 비영리 커뮤니티.

12 FEBRUARY

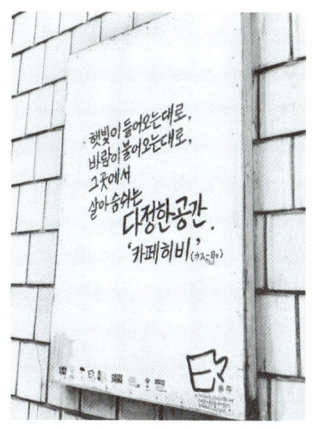

다정한 단골 카페

그냥 지나가다 들렀는데, 나를 위한 공간인 듯싶은 카페가 있다. 혼자 가도 편안한 단골 카페 하나쯤 있으면 좋다. 어쩐지 다정한 느낌이 드는 그런 카페. 몇 년 전 런던 그리니치에 여행 갔을 때 들렀던 허름한 컨테이너 박스 '티타임'처럼 처음 갔는데도 언젠가 가봤던 것 같은 느낌이 드는 그런 곳. 내가 사는 동네 어딘가 걸어서 갈 수 있는 단골 카페를 만들어 보자.

카페 히비(hibi, 日々, 하루하루라는 뜻) 서울 마포구 와우산로29길 9(지하철 2호선 홍대입구역 7번 출구)에 위치. 카페 안에서 가끔 그릇 시장이 열리므로 블로그(blog.naver.com/cafehibi), 인스타그램(@lavu_c) 공지를 참고하자.

13 FEBRUARY

5분간의 명상을 시도해보라. 궁극적으로는 하루 15~20분 그 이상까지 명상하면 최적이지만, 몇 분만 명상하더라도 새로운 습관을 만들어가기 위한 노력을 시작한 셈이며, 과학적으로 입증된 명상의 이점(창조성과 공감력 향상)을 누릴 수 있다.
— 아리아나 허핑턴, 『제3의 성공』 중에서

5분 명상의 아침

아침에 5분 호흡 명상 시작하기. 아무도 일어나지 않은 아침에 먼저 일어나서, 집에서 가장 느낌이 좋은 공간에 앉는다. 느리고 편안하게 숨을 마시고 내쉬며, 호흡의 흐름을 관찰한다. 잡념이 떠오르면 의식을 호흡에 다시 집중하기. 5분이라도 호흡 명상에 집중하고, 떠오르는 온갖 생각을 남의 일을 바라보듯 내려놓으면, 그날 하루 마음도 몸도 가볍다. 일상에 빨간 불이 켜질 때, 5분 명상을 통해 얻은 '한 발 떨어져서 바라보는 습관'이 여유를 되찾는 힘이 된다.

명상법 아리아나 허핑턴의 『제3의 성공』 제1장 명상 편에는 초보자도 쉽게 따라 할 수 있는 명상 방법이 실려 있다.

14 FEBRUARY

컬러링 먹방

엄청 배고플 때 먹지 말고 색칠하기. 컬러링북 중에 내가 먹고 싶은 음식만 모아놓은 먹방 색칠 책 『컬러링 앤 더 푸드』(빨간고래 지음)를 책꽂이에 꽂아두었다가, 허기질 때 냉장고 열지 말고 색칠부터 하는 좋은 습관 만들기. 지금 먹고 싶은 음식을 골라 색칠 삼매경에 빠져 있다 보면, 저절로 다이어트가 된다. 색칠하면서 더 이상 참을 수 없을 만큼 배가 고픈 고비를 넘기면 나중에 먹더라도 확실히 덜 먹게 된다.

색연필 컬러링북 애독자라면 괜찮은 품질의 색연필 구비가 필수. 파버 카스텔 72색, 프리즈마 132색이 준비되면 컬러링이 훨씬 더 재미있어진다.

15 FEBRUARY

나는 꽃이 피기 직전의 나날을 사랑한다. 어떤 빛과 어떤 시간들에서만 볼 수 있는 불그스름함, 어떤 아우라로 둘러싸여 있을 때를.
— 작가 프랜신 프로즈, 『Real Simple』 중 「The Giving Tree」에서

봄의 아우라 만나기

겨울의 끄트머리에서 봄 만나기. 겨울이 다 가야만 봄이 오는 것은 아니다. 겨울나무 가지의 꽃눈, 잎눈 속에 봄이 들어 있다. 꽃눈과 잎눈을 매단 나뭇가지의 배경이 되어주는 파란 하늘에서 봄이 보인다. 아직은 차갑지만 부드러워진 바람에서 봄날의 숨결을 느껴보자.

16 FEBRUARY

어릴수록 특권

다음 기차 중에서 내 나이에 누릴 수 있는 할인 특권이 있다면 놓치지 말자. 국내 여행 시 내일로 기차 5일, 7일 무제한 자유 여행 티켓은 만 25세 이하 가능하다(KTX 제외하고 모든 열차 이용 가능). 유럽 여행 시 유레일패스 유스 티켓은 첫 탑승일 기준 만 26세 미만 할인 가능. 사람은 20대에 했던 일, 다녔던 곳, 만났던 사람을 가장 오래도록 기억한다.

티켓 정보 코레일 내일로 티켓 letskorail.com, 유레일패스 유스 티켓 kr.eurail.com/eurail-passes/deals-discounts/youth-discounts

17 FEBRUARY

새벽 시장에서 봄옷 지르기

밤 11시에 찬바람 맞으며 동대문 패션타운에 가서 두세 시간 발 아프도록 쇼핑하고 포장마차에서 뜨거운 국수 먹기. 소주 한두 잔에 저렴하고 푸짐한 안주도 시켜보자. 전국 옷 가게 상인들이 주 고객이지만, 야간 데이트 코스로도 인기. 친구들 여럿이 가서 고르면, 옷 가게 주인이 아니어도 도매 가격으로 살 수 있다.

동대문 새벽 시장 지하철 2호선 동대문역사문화공원역 12번 출구에서 동대문역사문화공원의 시계 왼쪽 방향이 소매시장, 오른쪽이 도매시장이다. 시장마다 쉬는 날이 다른데, 대체로 주말에 쉬므로 평일 밤에 가는 것이 좋다. 밤 11시에서 새벽 3시까지 붐빈다.

18 FEBRUARY

*결국 나는 회상하는 법을 익히고 나서부터는 더 이상 지루해하지도 않게 되었다.
때때로 나는 내 방에 관해 생각에 빠져들었는데, 상상 속에서 나는 한 구석에서 출발해
방을 한 바퀴 돌면서 그 길 위에 있던 모든 것들을 하나하나 헤아려보았다. 몇 주가 지나자
나는 내 방 안에 있는 것들을 하나하나 헤아리는 일만으로도 몇 시간을 보낼 수 있게 되었다.
– 알베르 카뮈, 「이방인」 중에서*

침실 여행의 기록

알랭 드 보통의 『여행의 기술』에는 정치 이론가 조제프 드 메스트르의 일화가 나온다. '지금까지 감히 여행을 떠나보지 못한 수많은 사람들, …… 아무리 게으른 사람들이라 하더라도 돈도 노력도 들지 않는 즐거움을 찾아 출발하는 일을 망설일 이유가 없을 것'이라며 '침실 여행'을 권한다.
조제프는 파자마를 입고 자신의 침실을 여행한 후 『나의 침실 여행』이란 책을 썼다.
알랭 드 보통도 여행의 끝에 자신의 침실을 여행한다. 영국과 유럽의 여러 도시를 돌아다니며 쓴 『여행의 기술』의 마지막 여정은 런던 해머스미스에 있는 작가의 침실이다. 구겨진 하얀 시트에 덮인 침대와 책장이 있는 담담한 흑백 사진.
내 방 안의 침대와 책상과 소품을 하나하나 둘러보며 침실을 순례하는 여행은 어떤가. 작가처럼 내 침실 여행의 기록을 남겨볼까.

19 FEBRUARY

자신을 불편하게 하는 새로운 일을 90일마다 시도해봐야 한다. ……
자신을 늘 새롭게 해야 한다.
- 미치 로스차일드, 〈뉴욕 타임스〉 칼럼 중에서

$\dfrac{1}{90}$ 의 불편

90일에 한 번씩 불편한 일 시도해보기. 지하철로 편하게 가던 장소를 버스 갈아타며 가기. 카페에서 한 번도 마셔보지 않은 음료 주문하기. 지리산 산장에서 칼잠 자보기. 서먹해져 버린 친구에게 먼저 말 걸기……. 사소하게 마음이 불편한 일부터, 참을 수 없이 몸이 불편한 일까지 1년에 적어도 네 번은 불편함을 감수해보자. 때로는 차가운 바람이 부는 바깥에 서 있을 때 새로운 내가 된다.

20 FEBRUARY

때때로 포트럭 파티

각자 음식을 하나씩 준비해 오는 포트럭 파티를 열어보자. 집에서 정성 들여 만들어 온 음식이나 미리 배달시킨 음식, 파티 장소로 걸어오며 산 음식 등 포트럭 파티를 준비하는 과정에서도 각자의 개성이 드러난다. 파티를 주최한 사람이 즉석에서 폴라로이드 사진을 찍어 벽에 붙이고, 파티가 끝날 때 추억의 사진을 나눠주는 것도 재미있다.

21 FEBRUARY

공항으로 여행하기

멀리 떠나고 싶지만 떠날 수 없는 날, 인천공항까지 떠나보자. 서울역이나 홍대입구역에서 공항철도만 타도 벌써 여행 기분을 느낄 수 있다. 해외로 나가는 사람들의 들뜬 표정, 옆에 놓인 커다란 트렁크만 봐도 나도 일행이 된 것처럼 설렌다. 인천공항에 내리면? 공항 라운지 커피숍에서 출국하느라 바쁜 사람들을 바라보며 차 마시기. 공항 2층 베이커리 매장 옆 창가에서는 비행기 계류장에 있거나 이륙하는 비행기를 볼 수 있다. 시간대에 맞춰 열리는 공연도 구경하고, 서점에서 책을 고르며 어슬렁거리기.

집으로 돌아오는 공항철도를 타면 열흘쯤 유럽에 다녀온 기분이 든다. 여행은 돌아오기 위해 떠나는 것. 비행기를 타지 않아도, 해외에 가지 않더라도 공항에서 돌아오는 길에 먼 여행에서 돌아오는 기분을 느낄 수 있다.

공항철도(arex.or.kr) 서울역에서 인천공항역까지 43분 만에 갈 수 있는 논스톱도 운행한다. 30분 간격이며 8,000원.

22 FEBRUARY

고백하기 싫은 일이지만, 이렇게 (쉰세 살)쯤 되고 보니, 더 이상 (사람)이 필요하지는 않았다. 인생 그 자체, 그 모든 순간, 햇볕 속에서 (리전트 파크)에 있는 순간만으로 충분했다. 아니 과분할 지경이었다.
— 버지니아 울프 『댈러웨이 부인』 중에서

충분한 이 순간

'고백하기 싫은 일이지만,
이렇게 (   )살쯤 되고 보니,
더 이상 (   )이 필요하지는 않았다.
인생 그 자체, 그 모든 순간,
햇볕 속에서 (   )에 있는 순간만으로
충분했다.
아니 과분할 지경이었다.'

버지니아 울프의 『댈러웨이 부인』 107페이지에 나오는 댈러웨이를 사랑해온 피터 월시의 독백으로 빈칸 놀이. 지금 나는 몇 살이고, 더 이상 무엇이 필요하지 않고, 어디에 있는 순간만으로 충분할까? 빈칸에 내 느낌을 채워보자.

23 FEBRUARY

포근한 설렘의 스웨터

겨울의 끝 무렵, 저렴한 가격으로 질 좋은 캐시미어나 울 스웨터를 미리 사두자. 유행 타지 않는 기본 아이템으로 마련하기. 이번 계절에는 못 입지만, 포근한 스웨터를 옷장에 살포시 넣을 때 하얀 겨울을 기다리는 설렘이 덤으로 온다.

24 FEBRUARY

꿈을 기록하는 방법에는 옳고 그름이 없다. 삶은 당신이 기록한 대로 펼쳐진다.
– 헨리에트 앤 클라우저, 『종이 위의 기적, 쓰면 이루어진다』 중에서

오늘의 원칙 노트

매일 아침 일을 시작하기 전에, 오늘의 원칙 기록하기. 오늘은 어제와 다르다. 글쓰기의 힘을 담은 책 『종이 위의 기적, 쓰면 이루어진다』에서 어느 청년이 매일 아침 '인생관 노트'를 적은 것을 응용해보자. 매일 아침, 내가 삶을 대하는 태도와 다짐을 '오늘 이것만은 지키자' 노트에 적어본다. '만나는 사람의 눈을 바라보며 이야기한다' '혼자 있는 시간을 온전히 즐긴다' '적어도 10분은 고요한 시간을 갖는다' '과식하지 않는다' 등. '~하겠다'는 미래형이 아니라 '한다'는 현재형을 사용하여, 이미 행동하고 있는 자신을 상상한다. 사소하지만 나에게는 중요한 일상의 원칙을 지킨 날은 밤에 잠들기 전에 하루를 잘 보낸 것 같아 뿌듯하다.

25 FEBRUARY

베프와 여행계

오늘부터 베프와 매달 5만 원씩 불입하는 여행계를 시작한다. 계 이름은 '파리에 미치다' '해변에 취하다' 등 여행하고 싶은 컨셉으로. 여행 통장에 둘이 꼬박꼬박 부으면 1~2년 안에 여행 계획이 현실이 된다. 매달 5만 원씩 둘이 적립하면 1년에 120만 원, 2년이면 무려 240만 원. 혼자 통장을 만드는 것보다 만기 때까지 유지할 가능성도 높다. 여행을 못 갈 사정이 생기면 둘이 만날 때마다 사용하는 공동 기금으로도 좋다. 친구와 함께 찾은 전시회의 티켓, 탐나는 전시회 도록과 포스터, 전시를 본 후 근사한 디너까지 공금으로 작은 사치 누리기.

26 FEBRUARY

시작하고 싶은 때

타이머를 준비하여 내 뇌가 작동하는 시간 관찰하기. 평소 어떤 작업에 들어가기 전, 시동 거는 데 걸리는 시간은? 노트북을 펴놓고, 실제 일을 시작하기까지 걸리는 시간은? 작업을 앞두고 커피를 마시거나 편안한 음악을 들으며 타이머를 작동해 시동 시간을 체크해보자. 뇌가 아직 덜 깬 아침 시간이 적당하다. '오늘은 커피 마신 지 정확히 32분 11초 후 키보드를 두드리고 싶어진다' 등 매일 타이머로 일하고 싶어지는 시간을 관찰해보면 나의 작업 시작 패턴을 알 수 있다. 평균 시동 시간 전에는 나에게 여유를 주기. 무슨 일이든 그 전에는 억지로 시작하지 않기.

27 FEBRUARY

빵집 여행

빵 덕후에게 전국 빵집 나들이는 365일 달력을 다 채워도 모자랄 만큼 대장정이다. 서울에는 서촌의 효자베이커리, 신사동 가로수길의 르 알래스카와 뺑드빱바, 구반포의 르뱅, 이태원의 오월의 빵집, 홍대 악토버, 여의도 브레드 피트(Bread Fit) 등 가봐야 할 빵집이 줄줄이 있고, 지방에도 군산 이성당, 대전 성심당, 부산 옵스 등 빵 좋아하는 친구들하고 지방 원정단을 꾸려도 될 만큼 많다. 진정한 빵 덕후는 단지 한 가지 빵만 맛보기 위해서 먼 길도 마다하지 않는다.

정보 찾기 빵생빵사 카페(cafe.naver.com/thebbangs)에 가면 '빵 먹으러 전국 일주'라는 카페 슬로건처럼 구석구석 빵집 정보를 구할 수 있다. 또는 인스타그램에서 #빵스타그램을 검색하면 따끈따끈 핫한 빵집들이 올라온다.

28 FEBRUARY

"저도 엄마를 따라 성냥을 모으고 있어요. 엄마가 모은 성냥을 보니까 그 시대가 보이더라구요. 지금은 잘 찾을 수 없는 간판 이름이나 디자인, 사라져버린 동네 이름도 정겨워요. 최근에는 대전의 산호여인숙(전시 공간 + 게스트하우스)과 TWL 춘우장에서 성냥을 샀어요. 우리나라에 성냥 공장이 하나밖에 없다고 들었는데, 성냥이 많이 팔려서 그 공장이 문 닫지 않았으면 좋겠어요. 캔들 켤 때도 라이터로 붙이는 것보다 성냥이 훨씬 낭만적이고 즐거우니까요. ^^"
– 스타일리스트 정소정

수집 연대기

냉장고 자석, 열쇠고리, 우표, 엽서……. 엄마 아빠가 결혼하기 전부터, 또는 해외여행 다니기 시작할 때부터 모으던 그때 그 시절의 수집품들. 내가 태어나기 전부터 모았을지도 모르는 이 오래된 소품들을 잘 들여다보면 더 정이 간다. 나도 계속 모으면서 엄마 아빠의 수집 연대기를 이어가볼까. 언젠가 엄마 아빠와 내가 함께 모은 수집품 전시회를 열거나, 수집품에 대한 이야기를 나누는 소모임도 해볼 만하다.

29 FEBRUARY

선물로 받은 하루

2월이 29일까지 있다면? 기대하지 않았는데 받은 선물처럼 덤으로 받은 하루. 두근두근 선물 상자를 천천히 여는 기분으로 4년에 한 번씩만 돌아오는 2월 29일을 즐기자. 이날, 4년에 한 번씩 가족과 함께 좋은 와인을 마시며 축하 파티하기. 또는 누군가와 4년마다 이날 만나자는 약속을 하는 건 어떤가. 그렇게 4년마다 만나서 잘 살아왔는지 안부를 물으며 서로 토닥토닥해주는 자리 갖기.

> I CHOOSE TO BE HAPPY
>
> 나는 행복하기를 선택한다.
>
> — 리한나, 〈Diamonds〉 노랫말 중에서

"가장 중요한 것은 당신의 인생을 즐기는 것입니다.
'행복하게.'
그것이 가장 중요해요."

- 오드리 헵번, 「보그」(1971년) 인터뷰 중에서

March

1 MARCH

"30일 동안의 작은 변화는 지속 가능한 변화를 만들어줍니다. IT 프로그래머로 일하던 저는 30일 동안 매일 소설을 썼고, 이제는 나를 '소설가'로 소개할 수 있습니다."
– 매트 커츠, 테드 강연 〈30일 동안 뭔가 새로운 걸 시도하라〉 중에서

달력에 긍정의 습관 적어보기

이달 달력을 A4 크기로 인쇄하여, 좋은 습관을 만들기 위해 도전할 일들을 하루 한 가지씩 적어본다. 10분 일찍 일어나기, 커피 줄이기, 30분 걷기, 잠들기 전에 책 10페이지 읽기, 아침에 눈 뜨자마자 좋은 생각하기……. 30가지 목록이 금방 채워진다. 매일 실천하고 실천한 날짜에 하트(♡)를 표시해 30일 후 성공한 도전 목록을 확인하자.

2 MARCH

봄맞이 실내 정원 만들기

실내에 봄맞이 정원 만들기. 작은 화분 3~4개를 담을 수 있는 손수레 모양의 정원 소품이나, 화분을 나란히 올려놓을 수 있는 2층 선반을 마련해보자. 지금 이 계절에 한창 피는 아젤리아, 베고니아, 칼랑코에, 수선화 화분을 놓아두면 컬러풀한 정원이 된다. 계절별로 화려한 꽃 즐기기.

3 MARCH

작은 선물

오늘 어디서 누구를 만나든, 미리 준비해둔 선물을 건네자. 분홍색과 하늘색 펜 세트, 하트 모양 포스트잇, 연필과 지우개, 휴대용 연필깎이, 책갈피, 캐릭터 볼펜……. 문구점에서 사둔 작은 선물이 받는 사람에게 큰 감동을 줄 수 있다.

모든 나날은 그날의 선물을 준다.

– 마르쿠스 아우렐리우스 『명상록』 중에서

4 MARCH

"휴일이나 휴가 때는 엄마랑 여행을 많이 다녀요. 제주도, 길상사, 홍대 북카페……. 멀고 가까운 곳에 여행 다니며 엄마 사진 찍어주는 걸 좋아하다 보니 엄마 사진이 많아요. 집이 아닌 낯선 곳에서 찍은 엄마 사진을 보면 엄마의 진짜 모습을 발견하는 것 같아요. 언제까지나 엄마 편이 되어주고 싶어요. ^^"
— 5년 차 직장인 김예림

엄마랑 여행

"엄마, 나랑 여행 갈래?" 엄마에게 봄날의 데이트를 신청해보자. 따뜻한 햇볕을 받으며 둘이서 편한 운동화 신고 걸을 수 있는 곳이라면 어디라도 좋다. 엄마 어릴 적 추억을 떠오르게 하는, 오래된 골목이 있는 서촌이나 북촌을 걸어 다니거나, 가까운 봄 바다 보러 가기. 좀 더 큰맘 먹고 엄마가 좋아하는 봄꽃을 만날 수 있는 남해로 기차 여행하기. 오늘 하루는 엄마의 어깨에 손을 두르며 어른스럽게 굴기. 엄마에게도 따스한 엄마가 필요하다!

5 MARCH

컬러링 타임

봄날, 햇볕이 잘 드는 카페 창가에서 컬러링 그림을 색칠하며 내 마음 알아가기. 각자 갖고 있는 컬러링북을 가지고 와서 마음에 드는 페이지를 골라 색칠한다. 색칠한 그림에 대해 서로 이야기를 나누며 릴랙스하는 시간. 친구들과 자리를 만들어도 재미있고, 색채 관련 소모임에 참여하는 것도 괜찮다. 나를 전혀 모르는 사람들 앞에서 내 이야기를 하는 시간이 의외로 편안하다.

색채 관련 소모임 컬러링북과 색채 카드를 활용한 미술 심리 시간은 소셜 다이닝 집밥(zipbob.net)의 인기 모임으로, 참가비는 재료비와 커피값 포함 2만 원 선이다.

 MARCH

모든 헤매는 사람이 길을 잃는 것은 아니다.
— J.R.R. 톨킨, 「반지 원정대」 중에서

무계획의 여행

충동적으로 여행 가기. 매일 똑같은 일상에 지쳐가는 오늘, 가방 하나 들고 여수 밤바다 가는 기차 타기, 정동진 해돋이 보러 밤 기차 타기, 또는 고속버스터미널에서 어느 곳이든 마음이 끌리는 장소로 가는 표 끊어 떠나기. 어느 날 모든 걸 뒤로하고 떠날 수 있는 능력자가 될 수 있는지 시험해보는 시간. 매일 반복되는 삶의 궤도에서 벗어나 갑자기 떠났던 길에서 새로운 나를 발견할지 모른다.

떠나는 기차 안에서 여행 정보 찾기 국내 여행 정보는 모바일 앱 '대한민국 구석구석'이 잘되어 있다. 버스나 기차 안에서 현지 정보를 찾아보기. 방랑자처럼 도착지 외에는 아무 정보 없이 돌아다녀 보는 것도 시도해볼 만하다.

7 MARCH

500색의 설레는 나날들

봄을 기다리는 고양이 색, 태풍이 지나가는 석양의 하늘색, 남극의 연둣빛 오로라 색, 새벽 달빛에 젖은 수선화의 보라색……. 상상만 해도 가슴이 아련해지는 컬러. 일본 페리시모사에서 1992년 콜럼버스의 아메리카 발견 500주년을 기념해 세상에서 가장 많은 500가지 색연필을 출시했다. 개수도 많지만, 세상에서 처음 듣는 색깔 이름이 붙어 있어서 색연필 마니아들을 설레게 한다. 좋은 색은 좋은 기분을 만들어준다.

페리시모 500색 색연필(felissimo.co.jp/500) 한 번에 배송해주지 않고, 예약을 받아 한 달에 25자루를 20개월 동안 차례차례 배송해준다. 한 달 25자루에 1,800엔, 20개월 500개에 총 2만 엔(가격은 가끔 할인). 색연필을 받고는 예쁘고 아까워서 쓰지 않고 벽에 그림처럼 붙여놓거나 장식 소품으로 활용하며 '페리시모 500 스타일'을 즐기는 사람들도 있다.

8 MARCH

유쾌한 묘비명

'우물쭈물하다가 내 이럴 줄 알았다.' 영국의 극작가 조지 버나드 쇼의 묘비명처럼, 유쾌한 버전으로 내 묘비명을 지어보자. 묘비명은 한 줄로 내 삶을 요약한 것이기도 하다. 내가 원하는 삶을 살았던 걸로 가정해서 써보면 내 꿈이 더 분명해진다.

묘비명 대회 한국여성대회는 세계 여성의 날(3월 8일)에 유쾌한 묘비명 축제 '삶을 노래하라'를 연적이 있다. '아무것도 모르고 왔다가 신나게 한판 놀고 돌아갑니다' '꿈을 꾸고 꿈을 이루고 새로운 꿈을 꾸러 간다' 등 가볍고 유쾌한 답이 많이 나왔다.

9 MARCH

나는 그림 그리는 작가다.
– 오스틴 클레온, 「훔쳐라, 아티스트처럼」 중 자기소개 글에서

초보자의 만능 도형

네모, 세모, 동그라미. 이 세 가지 도형에 선만 덧붙이면 어떤 그림도 그릴 수 있다. 동그란 얼굴 맨 위에 세모난 코를 올리면 하늘을 바라보는 모습이 된다. 『훔쳐라, 아티스트처럼』의 저자 오스틴 클레온이 테드X(tedxtalks.ted.com)의 강연에서 보여준 것처럼 네모, 세모, 동그라미에 직선을 자유자재로 이어 그림을 그려보자.

10 MARCH

나도 도시농부

마당 없는 내 집에서 도시농부 프로젝트. 서울시 일부 구청에서 하는 상자 텃밭 분양을 홈페이지에서 신청하거나, 종묘상, 꽃 시장, 천원 숍 등에서 씨앗과 모종을 구해보자. 햇볕이 잘 드는 베란다에서 1년 내내 채소를 기르거나, 싱크대 옆에서 물을 자주 주며 새싹채소 길러보기. 집에 나만의 손바닥 텃밭을 만들어 사계절 내내 싱싱한 채소를 길러 먹는 생산과 수확의 기쁨을 누려보자.

생초보를 위한 베란다 텃밭 가꾸기 노하우 원예 재배 관련 블로그(blog.naver.com/h0000jjj, blog.naver.com/vakivaki)나 관련 도서 『열두 달 베란다 채소밭』 『베란다 채소밭』 등을 참고하면 사진과 함께 자세한 설명이 나온다.

11 MARCH

봄노래 폴더 만들기

내가 엄선한 '봄노래 모음집' 만들기. 겨울이 다시 오나 싶도록 매섭던 꽃샘추위가 문득 사라지고 봄이 온다. 시나브로 왔다 어느새 사라져버리는 봄. 그러니 봄의 한가운데를 통과하면서 매 순간 봄.봄.봄을 실감하기 위해 봄노래에 푹 빠지자. 봄노래를 수집하여 이른 봄에서 무르익은 봄으로, 봄날을 보내는 시간순으로 정렬하기. 거리를 걷거나 지하철을 타고 버스를 타는 동안 이어폰으로 나만의 봄노래 모음을 흥얼거리며 설레는 봄 기분 느끼기. 내가 만든 봄노래 모음집을 듣는 동안, 봄의 소유권은 나에게 있다.

봄노래는 여러 곡들의 한두 소절을 갖다 붙여도 마치 한 곡처럼 어울린다. 다음은 세 곡을 봄의 시간순으로 이어 붙인 가사. 내 봄노래 모음집에서 이런 시도 해보기.

봄이 왔다. 그녀가 왔다.
봄이 왔다. 그녀가 봄을 몰고 왔다.
— 타루, 〈봄이 왔다〉 노랫말 중에서

울지 마라. 가지 마라.
이제는 머물러라 내 곁에.
넌 따뜻한 나의 봄인 걸.
마침내 만나게 된
너는 나의 따뜻한 봄이다.
— 성시경 〈너는 나의 봄이다〉 노랫말 중에서

나긋나긋 함께 걸어가자.
봄꽃 같은 그대 손잡고.
설렘의 멜로디, 두근대는 리듬이
둘만의 오선지 채워.
— 이한철 〈봄날의 합창〉 노랫말 중에서

가구의 재발견, 이케아 해커스

남들과 다른 가구를 사용하고 싶다면, 이케아 가구로 발명(!)을 해보자. 일명 '이케아 해커스'들로부터 독창적인 가구 만들기 아이디어 전수받기. 이케아 해커스란 공산품 이케아를 응용해서 창의적으로 자신만의 가구를 만드는 사람들. 이케아 가구를 전혀 다른 방식으로 조립하거나, 용도 자체를 바꾸는 기상천외한 아이디어가 넘친다. 솔로를 위해 1인용 식탁에 거울을 붙여 누군가와 함께 식사하는 분위기를 만들거나, 액자 프레임으로 양념병 수납장을 만드는 등 작은 집에 알맞은 아이디어가 많다. 창의적인 이케아 해킹 스타일이 인기를 끌면서 젊은 디자이너들이 모여 해킹 전시회를 열거나, 독창적인 해킹 가구를 파는 곳도 생겼다. 2006년 최초로 이 아이디어를 낸 블로거 줄스(가명)가 운영하는 이케아 해커스(ikeahackers.net)를 중심으로 전세계 해커들이 활동하고 있는데, 국내에도 2013년 이케아 해킹 사이트(ikeahacking.net)가 생겼다. 이들의 아이디어를 훔쳐보고, 나에게 꼭 맞는 가구를 만드는 이케아 해커가 되어보자.

13 MARCH

Q. 꿀벌들이 쏘지 않나요?
A. 집 주변에서 꿀벌을 키운다고 해서 꿀벌들이 지나가는 행인을 쏘는 일은 거의 없습니다. 1~2통의 벌통을 설치할 경우, 벌통이 있는 주변 3~5미터를 제외하곤 꿀벌이 없다고 생각될 겁니다.
- 어반비즈서울 홈페이지 중에서

"벌들과 친밀한 접촉이 불가피한 양봉가는 벌통 안을 들여다볼 때 안전 장비가 필요해요. 방충복(면포)과 장갑을 착용하고 마른 쑥을 태우는 훈연기로 벌의 활동을 더디게 하여 벌에 쏘이는 것을 예방해요."
- 도시 양봉 참여자 석양정

도시 양봉가 되기

올봄에는 도시에서 꿀벌을 치는 양봉가가 되어볼까? '꿀벌을 보호하고 꿀벌의 중요성을 알리기 위해' 설립된 소셜 벤처 어반비즈서울은 도시 양봉가가 되려는 사람들을 돕고 있다. 어반비즈서울에 따르면 도시는 시골보다 더 따뜻해서 벌이 추운 겨울을 나기에 적합하고, 꿀 생산량도 더 많다고. 어반비즈서울에서 교육을 받고, 벌집을 분양받아 건물 옥상이나 공터에 벌집을 설치하여 양봉에 도전해보자. 도시 양봉가들이 모여 매년 도시 양봉장별로 2~3회 꿀을 따는 행사도 한다. 내 벌집에서 직접 따는 꿀은 진짜 꿀맛!

도시 양봉 체험 어반비즈서울(urbanbeesseoul.com) 주최로 4~9월에 도시에서 꿀벌과 양봉 현장을 체험해볼 수 있다. 선착순 무료이며, 장소는 용산구 노들섬 또는 명동 유네스코빌딩.

14 MARCH

인생은 심각하게 생각하기엔 너무 중요하다.
– 오스카 와일드, 희곡 「윈더미어 부인의 부채」 중에서

하루에 하나, 365일 명언집

매일 하나씩 명언을 찾아 쓰는 '오늘의 명언집'. 단어장만 한 작은 수첩을 준비하고, 매일 명언을 찾아 적는다. 그림을 그리거나, 메모를 해도 되지만, 반드시 긍정과 행복의 느낌을 담은 명언을 찾아 쓸 것. 좋아하는 작가의 명언을 수집하거나, 좋은 느낌을 주는 키워드로 찾아보기. 1년 동안 짬짬이 명언 노트를 만들어두면, 내년엔 하루하루 펼쳐 보는 재미가 있다. 수많은 명언 중에서 내가 고른 거라서 더 의미 있는 나만의 365일 명언집.

오스카 와일드 「행복한 왕자」, 「도리언 그레이의 초상」 등을 쓴 아일랜드 출신 작가 오스카 와일드는 당대 패셔니스타로 유명했는데, 뛰어난 패션 센스처럼 위트 있는 명언을 많이 남겼다.

15 MARCH

오후 4시의 생과일주스

오늘은 내가 생과일주스 쏘는 날! 봄날의 나른한 오후 4시, 누가 조용히 내 책상 위에 딸기 주스 한 잔 놓고 가면 베리베리~ 스트로베리 행복하겠다. 누군가에게 그런 상큼한 만족을 선물하자. 생과일주스 전문점에서 사다가 책상 위에 슬쩍 올려놔도 좋고, 갓 구입한 싱싱한 과일을 믹서로 갈아서 나눠 마셔도 좋고. 투명한 잔에 물방울이 송골송골 맺힌 채로 전해주는 생과일주스 한 잔으로 비타민 C 듬뿍 충전! 생과일주스로 봄날 오후의 생생한 행복 맛보기.

생과일주스 전문점처럼~ 만드는 황금 비율 딸기 주스 딸기 9~10개+요구르트 1개(또는 물 50mL 와 꿀 1큰술) **키위 주스** 키위 2~3개+키위와 같은 양의 물(또는 탄산수)+꿀 1큰술 **청포도주스** 청포도알(껍질째) 12~15개+물(또는 레몬즙)+꿀 1큰술 **팁** 꿀 대신 매실청이나 설탕 시럽을 넣어도 된다. 조각 얼음을 함께 넣어서 갈면 더 시원하고 상큼한 맛이 난다.

16 MARCH

창조적 텀블러

1회용 컵도 줄이고, 커피값도 할인받는 텀블러. 카페에 갈 때마다 갖고 다니는 텀블러가 싫증나지 않도록 그림을 바꿔줄 수 있는 '크리에이티브 텀블러'를 마련해보자. 텀블러를 파는 커피 브랜드에서 무료로 제공하는 디자인을 출력하거나, 직접 예쁜 그림을 그려 넣어 나만의 텀블러 만들기.

17 MARCH

"전 이미지를 만들어내기 위해 제 기억, 소리, 촉각을 활용해요.
제 예술은 눈이 보이지 않는 세상에 대한 해석이에요."
—피트 에커트, 〈2014 서울 디지털 포럼〉 강연 중 〈보지 않고 세상을 보다〉에서

어둠 속에서 본다는 것

친구 손에 의지해 눈을 감고 목적지까지 가보기. 걸어야 할 길이 어딘지 알고, 위험 요소가 없는 걸 알면서도 눈을 감고 걷기는 여전히 두렵다. 친구의 발소리, 거리에서 나는 냄새, 발바닥의 촉각 등 다른 감각을 불러내 보자. 다른 감각을 훈련하기. 보는 것에 감사하기. 그리고 나에게 팔을 빌려준 친구에게 고마워하는 시간.

어둠 체험 공간 어둠 속의 대화(전시장, dialogueinthedark.co.kr) 완전한 어둠 속에 꾸며진 7개의 테마를 로드 마스터와 함께 100분간 시각 이외의 감각으로 체험하는 전시장. 종로구 북촌로 71(지하철 3호선 안국역 2번 출구)에 위치. **블라인드 아트(레스토랑, blindrest.com)** 예약제로 저녁 7시, 9시 두 번만 입장할 수 있는 어둠 레스토랑. 코스 요리와 장미 꽃다발 예약 가능. 광진구 능동로 145(지하철 7호선 건대입구역 2·3번 출구)에 위치.

18 MARCH

포스터와 사인회

이왕이면 사인회가 있는 콘서트나 음악회를 골라서 공연이 끝난 후 사인을 받는 줄에 서보자. 사인할 때의 실물과 포스터 속의 정색한 포즈를 비교해보는 게 재미있다. 포스터 속의 여신 같은 바이올리니스트가 청바지에 티셔츠 차림으로 장난스럽게 웃을 때, 포스터를 배경으로 찰칵! 포스터에서는 하늘에서 내려온 듯한 여신이었지만, 현실에서 볼 때 더 생기발랄하고 귀엽다.

19 MARCH

지하철 둘레길

지하철 노선 한 개를 골라 지상으로 첫 번째 역부터 마지막 역까지 걷기. 예를 들어 지하철 2호선 둘레길을 한 바퀴 빙 돌아 걷다 보면 옛날 사대문 안 서울 풍경을 보고, 한강 다리를 건너 변화한 강남사거리를 지나 산 아래 서울대입구역과 봉천역으로 이어지게 된다. 지하철이 지하로 들어가는 곳은 지도 앱으로 지상의 길을 찾아 걷는다. 그동안 한 번도 못 봤던 도시의 구석구석을 볼 수 있다. 지하철 둘레길을 다 걷고 나면 제주 올레길이나 지리산 둘레길 걷기를 다 마쳤을 때 못지않은 뿌듯함을 느낄 수 있다. 지하철 노선별로 걷는 코스와 걸리는 시간을 표시한 지도는 아직 없다. 내가 만들어보자.

지하철 둘레길 릴레이 주말마다 지하철 둘레길을 걷는다면, 북한산 둘레길 여행자들이 걷는 방법처럼 이번 주에 끝나는 지점에서 다음 주에 시작하는 방식으로 진행한다.

20 MARCH

소원이 이뤄질 때까지 소원팔찌

팔찌가 저절로 끊어질 때까지 차고 있으면 소원이 이뤄진다는 소원팔찌. 서랍 어딘가에 넣어둔 십자수 실을 찾아내 소원팔찌를 만들어보자. 준비한 실을 책상 끝에 테이프로 붙이고 가닥가닥 매듭을 지어주는데, 매듭을 묶는 방법에 따라 다양한 팔찌 모양을 만들 수 있다. 인터넷에서 '소원팔찌 만들기' 페이지 보고 따라 하기. 빨강은 열정, 노랑은 자신감, 파랑은 평화, 갈색은 안정, 무지개색은 행복……. 지금 빌고 싶은 소원에 맞는 색깔을 찾아 소원팔찌를 만들면 어떨까. 소원팔찌를 차고 소원을 간절히 빌면 온 우주가 내 소원이 이뤄지도록 도와줄 것 같다.

21 MARCH

독자들은 『내 영혼이 따뜻했던 날들』과의 첫 만남을 떠올릴 때마다 가슴이 뜨거워질 것이다. 왜냐하면 『내 영혼이 따뜻했던 날들』은 한번 읽고 나면 이전 상태로 되돌아갈 수 없게 만드는 책이기 때문이다.
— 레나드 스트릭랜드, 『내 영혼이 따뜻했던 날들』 중 서문 「이 책을 함께하는 기쁨」에서

내 인생의 책 한 권

지금까지 나에게 가장 영향을 준 책 한 권 선정하기. 힘들 때 위로를 해준 책, 발상을 전환시켜 준 책, 진로를 바꾸게 만든 책, 작가의 생각에 공감해서 계속 그 작가의 책을 찾아서 읽게 만든 책……. 책이 나에게 해준 일을 생각해보면 참 고맙다. 나도 누군가에게 이렇게 고마운 책의 작가가 될 수 있을까. '내 인생의 책'으로 소개되는 날이 있을까.

누구에게나 내 인생의 책이 될 만한 책 『내 영혼이 따뜻했던 날들』(포레스트 카터), 『어린 왕자』(앙투안 드 생텍쥐페리), 『월든』(헨리 데이비드 소로), 또는 어떤 책이든 내게 감동을 준 책.

22 MARCH

하루의 몰입 그래프

하루 동안 내 기분은 어떻게 달라지나? 물 흐르는 듯, 시간이 정지된 듯 무아지경에 빠지는 행복한 상태, 즉 '몰입flow'을 연구해온 저명한 심리학자 미하이 칙센트미하이가 쓴 방법을 나도 사용해보자. 그는 사람들에게 하루 여덟 번 알람을 보내 그 시간에 하는 일, 심리를 기록하게 했다. 나는 언제 어떤 일을 하고 있을 때 더 빠져 있고 더 즐거운가? 스마트폰 알람 기능을 활용하여 나도 하루 여덟 번 심리 상태를 기록해보자. 며칠 지속해보면 몰입이 잘되는 시간대, 빠져드는 일, 그때 기분을 객관적으로 알아볼 수 있다.

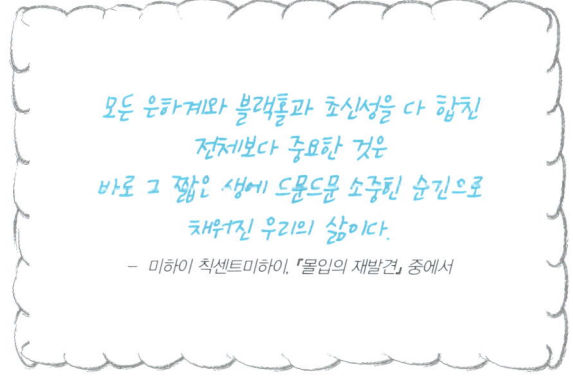

모든 은하계와 블랙홀과 초신성을 다 합친 전체보다 중요한 것은 바로 그 짧은 생에 드문드문 소중한 순간으로 채워진 우리의 삶이다.
— 미하이 칙센트미하이, 『몰입의 재발견』 중에서

23 MARCH

오늘 나는 _____을 하고 싶다

Before I die, today I want to _____.
죽기 전에 하고 싶은 일? 비장한 계획을 나열하는 대신, 오늘 바로 하고 싶은 일, 그리고 지금 바로 소소하게 할 수 있는 일 한 가지를 적어보자. 예를 들어 좋아하는 카페에 가서 카푸치노에 시나몬 듬뿍 뿌려 마시기, 그냥 멍때리기. 베프에게 전화하기……. 비장한 마음으로 영화 〈버킷 리스트〉 같은 먼 훗날의 리스트를 쓸 게 아니라, 가볍고 쉽게 오늘 지금 바로 할 수 있는 리스트를 하나만 적어보자.

Before I die, today I want to ___그냥 멍때리기___

Before I die, today I want to _____.

Before I die, today I want to _____.

Before I die, today I want to _____.

캔디 창 프로젝트(candychang.com) 아티스트 캔디 창이 2011년에 자기가 사는 동네 빈집의 담벼락에서 시작, 70여 개국에서 진행된 '죽기 전에 하고 싶은 일 프로젝트.' 사람들이 적은 목록 중에는 의외로 일상에서 지금 바로 할 수 있는 일들이 많다. 내 자신을 사랑하겠다(love myself), 돈 없이 살기(live without money), 남자 친구 포옹하기(hug my boyfriend) 등.

24 MARCH

"내성적인 분들은 가방 안에 뭐가 들었는지를 매우 조심스럽게 숨기고 싶은 충동을 가지게 됩니다. 그건 괜찮아요. 하지만 가끔, 아주 가끔은, 다른 사람들에게 여러분의 가방을 열어 보여주기를 바랍니다."
– 수전 케인 테드 강연 〈내성적인 사람들의 힘〉 중에서

가방을 열어 나를 보여주자

핸드백이든, 노트북 가방이든 오늘 내가 갖고 나간 가방 속에서 물건을 하나씩 꺼내본다. 빈 탁자에 그 물건들을 하나하나 가지런히 놓아보자. 가방 안에 들어 있는 물건을 꺼내 보여주듯, 내 마음을 열어 뭐가 들어 있는지 보여줄 준비가 되어 있는가를 생각해보는 시간. 『콰이어트』의 저자 수전 케인은 테드 강연에서 가방에 비유하여 자신처럼 내성적인 사람이 조용히 세상에 나서는 방법을 알려준다.

25 MARCH

손 인증샷, 발 인증샷

여럿이 함께 브레인스토밍을 끝냈을 때, 수다를 떨면서 공감 레벨이 올라갔을 때, 모두가 하나라고 느낄 때, 그 순간을 남기는 인증샷. 테이블 위에 손을 빙 둘러 모아 찍어볼까? 셋 이상이면 작은 원을, 7~10명이면 꽤 큰 원을 그릴 수 있다. 위에서 아래로 내려다보는 프레임으로 사진 찍기. 여러 인종의 손이 모인 것처럼 손의 색깔, 손가락 길이, 손톱 모양이 다양해서 재미있다. 야외라면 발 인증샷도 굿. 모두가 한 발씩 내밀어 원을 만든다. 같은 신발을 신은 사람은 아무도 없다. 신발 모양에 따라 발 크기도 달라 보이는 사람들끼리 따로 또 같이 인증샷!

쓸모없어서 즐거운 백괴사전

아무짝에도 쓸모없는 짓 하기. 인터넷 백과사전 읽기는 시간 가는 줄 모르는 잉여질. 점잖은 위키백과 말고 읽으면 읽을수록 헤어날 줄 모르게 되는 '백괴사전'을 읽어보자. 우선 백괴사전 '병맛' 항목을 펼쳐보자. 병맛을 보는 방법에 대해 이렇게 적혀 있다. '병의 겉면을 핥으면 무슨 맛이 날 것 같은가? 아무 맛도 안 날 것 같지만 뭐랄까, 형언하기 어려운 묘한 맛이 날 것이다. 그것이 바로 병맛'이라고 정의하고 있다. 병맛이 나는 병은 '막걸리병, 소주병, 박카스병…… 그 밖의 모든 병.' 이런 식이다. 일부 콘텐츠는 출처가 불분명하거나 주관적이다. 이런 B급 문화가 싫다면? 업데이트가 절대 안 되는 백과사전의 고전, 두산백과를 봐야지.

주의 위키를 읽는 사람에서 쓰는 사람(기여자)이 되면 다른 생산 활동을 모두 중단해야 할지도 모른다.

백괴사전(한국어 위키백과 참고) 언사이클로피디아(uncyclopedia)의 한국어 번역. 2005년부터 시작된 언사이클로피디아는 위키백과를 패러디한 웹 사이트로, '누구나 편집할 수 있는 내용 없는 백과사전'이 슬로건이다. 50개 이상의 언어로 돼 있다.

27 MARCH

*어떤 지점에서 세상의 아름다움은 그 자체로 충분하다. 사진을 찍을 필요도, 그림을 그릴
필요도, 기억할 필요도 없이. 그 자체로 충분하다.*
– 토니 모리슨, 『타르 베이비』 중에서

안녕, 봄맞이꽃!

매일 지나는 길에서 봄맞이꽃 발견하기. 하얀 꽃잎이 별처럼 생긴, 손톱의 반달무늬만큼 작은 봄맞이꽃의 꽃말은 '봄의 속삭임'. 봄맞이꽃을 발견한 곳에서 사방을 둘러보면 꽃이 하얀 별사탕처럼 뿌려진 봄맞이꽃밭도 찾을 수 있다. 봄의 맨 첫 손님, 봄맞이꽃에게 인사하기.

28 MARCH

도전! 리코타 치즈 만들기

'집에서 치즈를 만들어 먹어요'라는 말을 들으면 떠오르는 것은? 목장에서 소나 염소 한 마리 키워야 치즈를 만들 수 있다는 상상? 두려움과 귀차니즘을 접고, 요리 생초보로서 슈퍼마켓에서 구한 몇 가지 재료로 리코타 치즈 만들기에 한 번쯤 도전해보자. 브런치 카페에서 맛본 말랑말랑 우윳빛 리코타 치즈를 내 손으로 만들 수 있다면! 상상만 해도 신기하다. 우유와 생크림, 레몬과 식초로 천천히 만들어보는 레시피. 우유와 생크림을 약한 불에서 천천히 젓고, 면포에 거르고, 하루 동안 냉장 보관해서 촉촉한 리코타 치즈 완성하기. 느리게 흐르는 시간과 서두르지 않는 손길이 있는 슬로푸드의 철학을 체험해볼 수 있다.

리코타 치즈 만들기(서울우유 블로그 www.seoulmilkblog.co.kr 중 해피 토커 '요이'의 레시피 참고) **재료** 우유 1,000mL, 생크림 500mL(슈퍼마켓에서 팩으로 판매), 레몬즙 2큰술, 식초 1작은술), 소금 1작은술, 면보 **만들기** ① 냄비에 우유 1,000mL와 생크림 500mL를 붓고 약한 불로 끓인다. ② 소금 1작은술, 레몬즙 2큰술, 식초 1작은술을 넣고 잘 섞는다. ③ 우유와 생크림이 약하게 끓기 시작하면 2의 액체를 부어 1~2회 정도 젓는다. ④ 1시간 정도 젓지 말고 아주 약한 불에서 끓인다(넘침 주의!). ⑤ 몽글몽글한 덩어리가 다 생긴 것 같으면 불을 끄고 면포에 부어 가볍게 눌러서 물기를 짠다. ⑥ 면포를 묶은 채로 30분 정도 두었다가, 다시 면포 위에 약간 무거운 그릇을 올려서 30분 정도 물기를 제거한다. 물기를 잘 제거할수록 단단해진다. 자연스럽게 물기가 제거된 리코타 치즈를 면포에 싼 상태로 하루 정도 냉장 보관하면 그 맛이 한층 더 깊어진다. ⑦ 큰 접시에 다양한 채소, 리코타 치즈, 방울토마토를 올리고, 아몬드, 건포도 등을 뿌려 발사믹 드레싱 곁들여 내기.

29 MARCH

맑은 소주잔에 매화 꽃잎

소주잔에 매화꽃 띄우기. 아직까지 아침저녁으로 선선한 봄날, 도시의 공원 길을 지나가다 보면 띄엄띄엄 심어놓은 매화나무에서 짙은 꽃향기가 난다. 향기나 자태에서 벚꽃은 따라오지 못하는 매화. 화려한 벚꽃에 비해, 작고 눈에 잘 띄지 않는 매화꽃은 언제 피는지도 모르게 지고 만다. 매화가 핀 봄날, 매화나무 아래서 떨어진 매화를 주워 소주잔 하나에 매화꽃 한 송이씩 띄워놓자. 연약한 매화 꽃잎이 물에 녹기 전까지 며칠 동안은 은은한 매화 향에 취할 수 있다.

30 MARCH

놓치기 아까운 공연 즐기기

1년에 적어도 3회는 거금을 투자하여, 무대 위 퍼포먼스를 생생하게 즐겨보자! 뮤지컬, 발레, 연극, 음악회 중에서 놓치기 아까운 우리 시대 최고의 공연 문화 즐기기. 내가 좋아하는 배우, 감독, 원작자를 찾아 공연을 고르거나, 지금까지 한 번도 접해보지 않은 장르의 공연을 예매해보는 것도 좋다. 국내 3대 공연장인 예술의 전당, 세종문화회관, 국립극장을 차례로 돌며 각 공연장의 특징을 비교해보는 것도 재미있다.

문화가 있는 날(culture.go.kr/wday) 매주 마지막 수요일은 '문화가 있는 날'로 공연, 영화, 문화재, 스포츠, 전시회 관람 시 무료 또는 할인 등의 혜택이 있다.

31 MARCH

*"이런 것 좋아했었구나. 나에게 이런 모습 있었구나.
나의 어린 시절을 찾아가는 여행은 나를 나이게끔 찾아가는 시간이죠."*
— NGO 활동가 석양정

3학년 3반 교실의 내 자리

초등학교 내 교실 내 자리 찾아가 앉아보기. 어른이 되어 초등학교 운동장을 찾아가보면, 세상이 갑자기 작아져 버린 것 같다. 『걸리버 여행기』에 나오는 소인국까지는 아니지만, 운동장도 놀이터도 수돗가도 다 작아지고, 나만 거인이 된 것 같은 느낌. 아직 기억하고 있는 학년-반 교실을 찾아가 그 자리에도 앉아보자. 내가 커버린 후에 줄어버린 사물과 공간을 만나면, 작아서 더 소중하게 느껴진다.

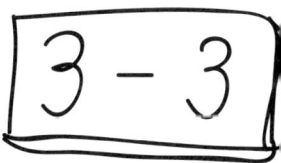

"뭐든 소원을 말하라고 하면, 넌 뭘 바랄래?"
"햇볕 따뜻한 들판에 누워 있는 것."

— 어니 젤린스키, 『느리게 사는 즐거움』 중에서

April

1 APRIL

혼자 걷노라면 '다른 곳'에 있는 느낌, 초연해진 느낌이 든다. 그래서 나는 자신만을 위해서 하루를 근사하고 길게 늘여 쓰는 방법을 특히 좋아한다.
– 릭 베스, 다비드 르 브르통의 『느리게 걷는 즐거움』에 인용됨

봄날의 저녁 산책

봄날 저녁에 혼자 산책하기. 조용한 산책로를 천천히 걸으면서, 소리 없이 봄이 오고 있는 저녁을 느껴보자. 봄날 저녁의 바람은 내일 아침에 피어날 꽃과 잎의 향기를 품고 있다. 시인 파블로 네루다는 『스무 편의 사랑의 시와 한 편의 절망의 노래』에서 봄날의 부푼 욕망을 이렇게 노래했다. '나는 봄날이 벚나무와 하는 일을 너와 하고 싶어.' 은밀한 상상에 빠져 혼자 걷고 있는 4월의 이 저녁이 좋다.

2 APRIL

계절마다 왕릉 소풍

봄, 여름, 가을, 겨울 사계절 왕릉 소풍 스케줄 짜기. 봄 벚꽃이 한창일 때 동구릉 소풍, 신록이 시작되면 정릉, 단풍 예쁜 가을엔 선정릉, 눈 쌓인 겨울엔 서오릉 산책. 달력에 사계절 왕릉 소풍 일정을 동그라미 표시하자. 데이트 코스로는 금슬이 좋았다는 세조와 정희왕후 커플의 광릉이 인기 있다. 조선 제7대 세조와 그의 왕비 정희왕후의 봉분이 양쪽에 있고 언덕 아래 중앙에 정자각이 있어서, 하늘에서 광릉을 내려다보면 두 사람의 금슬을 상징하듯 하트 모양이 나타난다.

유네스코 세계문화유산과 왕릉(unesco.or.kr/heritage/wh/korwh_choseon.asp) 2009년 유네스코는 조선 왕릉 40기를 세계문화유산으로 등재했다. 남한에 있는 조선 왕릉 전체 42기 중에서 폐위된 연산군, 광해군의 묘를 뺀 40기가 등재된 것. 서울, 경기도에 대부분 모여 있고, 강원도 영월에 유배되었던 단종의 장릉이 있다. 왕릉이 가장 많은 곳은 동구릉(9기), 그 다음은 서오릉(5기). 다른 곳은 1~3기의 왕릉을 모시고 있다.

3 APRIL

우리는 우리가 좋아하는 신성한 것들을 매우 높게 위치시키는 반면, 우리가 이미 알고 있기에 실망시키는 것들은 낮은 곳에 위치시킨다. 우리는 이상에 눈이 멀어 있다.
– 마르셀 프루스트, 「독서에 관하여」 중에서

일부러 가지 않는 여행지

사진이나 그림을 보며 꿈꾸던 장소. 실제로 가보면 왜 이미지만큼 멋지지 않을까? 그 장소에 도착하는 순간, 사진 속 아우라와 신성함이 사라지기 때문이다. 지상에 있지 않을 것 같은 신성함을 보존하려면, 아름다운 사진 속 여행지를 눈으로만 보는 아이 트래블(eye travel)을 즐겨보자. 아이 트래블은 장소의 신성함을 잃지 않는 여행이다.

4 APRIL

에러 404의 날

'오늘은 나를 찾을 수 없습니다.' 인터넷 페이지 접속 에러 메시지 'error 404'처럼, 1년 중 하루는 세상과 접속 두절의 날. 스마트폰과 인터넷에 접속하지 않고 살아보기. 하루가 힘들다면 반나절이라도, 단 1시간이라도 접속을 끊어보자. 생각보다 쉽지 않다. 1년에 하루는 error 404 day, 어렵다면 한 달에 1시간은 error 404 hour.

에러 메시지 서버 요청 에러 메시지에서 가장 유명한 게 404이다. 웹서핑하다 만나는 황당 에러 페이지. 내충분화에서노 404는 곧잘 패러디된다. 쿠엔틴 타란티노 등 감독 4명이 같이 연출한 영화 〈포 룸four rooms〉은 404호 방을 찾아갔다가 묘한 판타지에 빠지는 내용. 레니 글리슨은 테드 강연에서 400번대 서버 접속 에러 메시지를 부서진(broken) 인간관계에 비유했다. 400 나쁜 요청, 403 금지된, 404 찾을 수 없는, 406 받아들일 수 없는, 409 갈등, 410 이별, 417 기대치 실패……. 인터넷이나 인간관계에서 이런 에러 메시지가 나타나면 새로 고침이나 재부팅이 필요하다.

5 APRIL

게릴라 가드닝

집 근처에서 내 손길을 기다리는 땅을 찾아보자. 꽃집에서 파는 제일 작은 화분을 한 박스 사서, 밤에 몰래 심기. 아무도 돌보지 않는 아파트 화단, 가로수 아래 쓰레기가 쌓인 곳, 지하철역으로 가는 길에 버려진 화단 등 꽃을 심을 수 있는 땅을 발견할 수 있다. 숨은 땅에 꽃과 사랑을 더해 비밀의 정원 만들기. 나는 식목일에 게릴라 가드닝 한다!

게릴라 가드닝 운동 아무도 몰래 꽃을 심는 게 게릴라 가드닝의 포인트. 숨어서 활동하는 게릴라처럼 주인이 있는 땅이건, 없는 땅이건 꽃을 심거나 씨를 뿌리고 사라지는 이 운동은 1960년대 미국에서 시작해 전 세계로 퍼졌다. 우리나라에서도 봄이 되면 누군가 어디선가 꽃을 심고 있다.

6 APRIL

내 인생에는 엄청나게 많은 (강조하는) 따옴표가 있었다. 생각해보면 가끔 느낌표(열정)도 있었고, 물음표(우울), 말줄임표(무사태평)도 있었다.
– 프랑수아즈 사강, 『마음의 푸른 상흔』 중에서

당신의 인생 부호는?

내가 글을 쓸 때 습관적으로 반복하는 문장부호는? 특별하게 강조하고 싶은 단어에는 언제나 '작은따옴표'를 찍는다. 좋을 때는 느낌표(!)를 세 개씩 찍고, 댓글을 달 때는 웃음(^^)을 습관적으로 단다. 혼자 보는 다이어리 메모에는 물음표(?)와 말줄임(……)가 무수하다. 문장부호의 반복이 인생을 대하는 태도일까? 프랑스의 감성 작가 프랑수아즈 사강의 인생 부호인 열정과 우울과 무사태평에 비유해본다면, 나는 어떤 삶을 살고 있을까?

{ ^^ !!! ••• ? }

7 APRIL

그날은 그해의 가장 아름다운 날이었다.
– 애니 딜라드, 『자연의 지혜』 중에서

한가한 벚꽃엔딩

벚꽃이 한창 피는 봄날에는 가방 속에 1인용 돗자리와 가벼운 책 한 권을 챙겨 갖고 다니자. 벚꽃잎이 떨어지는 나무 아래 돗자리를 깔고 누워, 책을 읽다가 햇살이 따가우면 얼굴에 덮어쓰고 낮잠에 빠진다. 올봄에도 버스커 버스커의 〈벚꽃엔딩〉은 울려 퍼질 테고, '봄바람 휘날리며 흩날리는 벚꽃잎이 울려 퍼질 이 거리를' 둘이 걷든 혼자 걷든, 이렇게 아름다운 봄날에는 행복해야 할 의무가 있다.

여의도 윤중로 벚꽃 축제 이 축제를 놓치기 아쉬우면, 사람들이 붐비기 시작하는 아침 9시 이전에 벚나무 고목들이 늘어선 국회의사당 근처 윤중로를 찾아가 이른 산책을 해보자. 투명한 아침 햇살을 받은 벚꽃들이 저녁의 인공 조명을 받을 때보다 화사해 보인다. 지하철 9호선 국회의사당역 6번 출구.

8 APRIL

처음 보는 사람들과 집밥 파티

금방 지은 집밥을 나눠 먹으며 기운을 북돋워주는 것처럼 훈훈한 '집밥 파티'에 나가보자. 소셜 다이닝 집밥 사이트에서는 처지기 쉬운 월요일 아침에 카페에서 출근 시간 1시간 일찍 모여 기운 내는 모임, 불금 말고 힐링하기, 마카롱 만들기, 캘리그래피 배우기, 영화 보고 밥 먹기, 싱글만 모여 '나 혼자 산다' 수다 모임 등을 찾을 수 있다. 집밥 모임 1회 참가비는 커피 한 잔 값 5,000원부터 밥도 술도 각자 더치페이하는 정도(1만~2만 원대). 처음 만나는 사람들과도 어색하지 않게 함께할 수 있는 집밥 모임. 어머, 오늘 이건 꼭 참석해야 돼!

소셜 다이닝 집밥(zipbob.net) 집밥 모임은 밥 한 끼 같이 먹는 모임부터 요리, 놀이, 배움, 연애, 나눔, DIY, 대화 등 다양한 모임이 있다. 최대 6명까지 참석하는 소모임 위주여서, 수줍음을 많이 타는 사람도 부담이 없다. 나도 집밥 모임 만들어볼까? 참고로 소셜 다이닝은 고대 그리스의 식사 문화인 심포지온(simposion)에서 비롯된 단어로, 공통의 관심사를 중심으로 모여 식사하고 교류하는 모임. 집밥 외에 위즈돔(wisdo.me), 위너플(winnerple.com), 톡파티(talkparty.net), 월요식당(facebook.com/mondaypopup) 등의 소셜 다이닝이 있다.

9 APRIL

가까운 가로수 꽃길

봄꽃놀이가 한창인 곳뿐만 아니라 도시의 조용한 가로수 길에서도 화려한 봄꽃을 즐길 수 있다. 저녁에 가로수 길을 걸으며 가로등에 비친 꽃들의 눈부신 향연에 빠져보자. 서강대 후문~남문의 목련 길, 대학로 서울 성곽길의 벚꽃 길, 신답역과 용답역 사이 청계천 하동 매실 거리 등이 서울의 가로수 꽃길로 유명하다. 또는 우리 동네 어딘가에 있는 꽃길 찾아가기.

10 APRIL

믿음이 가는 농부의 시장

농부, 요리사, 수공예 작가가 함께 만드는 도시형 농부 시장 '마르쉐@'. 시장이란 뜻의 프랑스어 마르쉐에 장소라는 뜻의 @(at)을 붙인 '마르쉐@'은 유럽 도시를 여행하면서 부러워했던 바로 그 농부의 시장(farmer's market)이다. 매달 둘째 주 일요일 대학로 마로니에공원에 가면 직접 재배한 농산물을 싸 들고 올라온 농부들을 만날 수 있다. 두부, 간장, 채소, 과일, 빵, 잼, 담근 술, 수공예품······. 직접 심고 키우고 만든 식재료를 파는 농부들의 자부심은 도시인의 지갑을 열게 한다. 슈퍼마켓에서는 볼 수 없는 '못생겼지만 믿음이 가는' 식재료 때문이다. 한쪽에선 공연이 열리고, 유기농에 대한 토론이 펼쳐진다. 소박하고 조화로운 삶을 지향하는 사람들이 모이는 장터 커뮤니티. 이런 사람 냄새 나는 시장에 가면 새로운 한 달을 살아갈 힘이 난다. 농부들도, 도시인인 나도.

농부 시장 마르쉐@(marcheat.net) 3~12월 대학로 마로니에공원과 예술가의 집 마당에서 매달 둘째 주 일요일 10~15시 사이 열린다. **서울시 농부의 시장(facebook.com/seoulfarmersmarket)** 4월 초~11월 초 광화문광장(매주 일요일), 북서울 꿈의 숲(매주 토요일), 보라매공원(둘째·넷째 토요일)에서 열린다. **보통직판장(facebook.com/commonfm)** 3~11월 11~17시(7월은 16~21시 야시장)에 직판장(마포구 백범로28길 17, 지하철 5·6호선 공덕역 1번 출구)이 열린다.

11 APRIL

봄꽃에게 안부를

매일 그곳을 지나치며 눈길을 줄 수 있는 나만의 봄꽃을 주변에서 찾아보자. 공원의 야생화, 골목길 화분의 채송화, 횡단보도 옆에 돋아난 민들레……. 내 꽃으로 명명한 꽃들에게 혼잣말로 인사하는 봄날 아침. 잘 있는지 안부를 묻게 되는 봄꽃들을 지나다니는 길에 이정표처럼 정해두기.

12 APRIL

국제영화제 여행 스케줄

밤새며 영화를 볼 수 있는 국제영화제 찜해놓기. 지방에서 열리는 국제영화제는 영화 관람 외에도 시네 토크, 전시, 공연은 물론, 맛집 탐방, 주변 관광까지 골고루 누릴 수 있는 축제다. 봄부터 가을까지, 전주~제천~광주~부산으로 이어지는 국제영화제 일정을 확인해두고, 마음에 드는 영화제 골라서 3박 4일 휴가 내기.

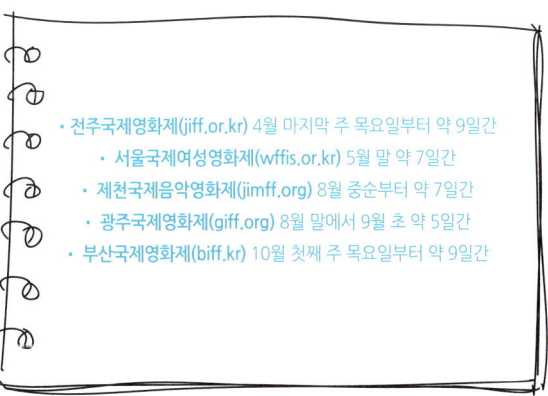

- 전주국제영화제(jiff.or.kr) 4월 마지막 주 목요일부터 약 9일간
- 서울국제여성영화제(wffis.or.kr) 5월 말 약 7일간
- 제천국제음악영화제(jimff.org) 8월 중순부터 약 7일간
- 광주국제영화제(giff.org) 8월 말에서 9월 초 약 5일간
- 부산국제영화제(biff.kr) 10월 첫째 주 목요일부터 약 9일간

13 APRIL

짧은 시 외우기

좋아하는 시 두 편 정도는 언제든 암송할 수 있도록 외워보자. 어느 날 갑자기 시 낭송을 할 수 있는 예상 밖의 기회가 찾아오기도 한다. 앙코르 낭송을 위해 한 편 더 미리 준비해두는 센스. 외우는 게 자신이 없으면, 스마트폰 메모장에 저장해두었다가 낭독해도 된다.

14 APRIL

내 이름 구글링

구글에 내 이름 입력해보기. 구글 창에 내 이름을 입력하면 페이스북, 트위터, 유튜브 프로필, 위키백과 순서로 결과가 뜨는데, 이름이 같은 사람들이 생각보다 참 많이 나온다. 펜싱 선수, 연예인, 사진작가, 그래픽 디자이너……. 이 직업 중에 한때 꿈꾸던 일도 눈에 띈다. 이름은 같아도 직업, 나이, 사는 곳이 다 다른 동명이인들. 프로필이 마음에 드는 동명이인에게 친구 신청 해볼까.

15 APRIL

행복하다. 행복하다. 나는 가장 행복하다. 세상에서 젤 행복하다. 오늘도 난 행복하다.
싱그럽다. 내 인생아. 찬란한 나의 인생아. 사랑한다. 날 사랑한다. 모든 일 다 잘될 거다.
– 커피소년 〈아침에 비타민〉 노랫말 중에서

일상 이야기로 작사하기

오늘 하루, 일상에서 스쳐가는 생각을 모아 노랫말 작사해보기. '커피소년'의 가사를 보면, 내 일상의 소소한 이야기도 괜찮은 가사가 될 수 있다는 용기가 생긴다. 다이어리를 펼치거나 인스타그램을 열어 감성이 가장 충만했던 날에 썼던 글을 옮겨보자.

16 APRIL

> 음, 나는 모든 건 영원하지 않다고 생각해요. 우리는 다른 사람들을 위한 방을 만들어야 해요. 그건 수레바퀴예요. 당신이 올라타고, 끝까지 가봐야 해요. 그리고 나서 다른 사람에게 끝까지 갈 수 있도록 똑같은 기회를 줘야 해요.
> – 비비안 마이어, 홈페이지 중에서

거리를 기억하는 사진

매일 지나다니는 거리에서 인물 사진 찍기. 뉴욕과 시카고의 거리를 돌아다니며 수만 장의 사진을 찍어 거리 사진의 역사를 바꾼 비비안 마이어처럼, 오늘 내가 지나다니는 거리를 기억할 수 있는 사진을 남겨보자.

비비안 마이어(vivianmaier.com) 2007년 뉴욕의 어느 경매장에서 한 청년이 380달러에 낙찰받은 종이 박스. 그 속엔 3만 장의 사진이 들어 있었다. 뉴욕과 시카고 거리에서 찍은 희귀한 사진들. 아이와 여자, 노동자와 홈리스가 렌즈 안에 들어와 있는 것처럼 생생한 사진이었다. '거리의 초상화'를 찍은 사람은 비비안 마이어(1926~2009). 다락방에 숨어 살면서, 생전에 한 번도 사진을 발표하지 않은 그녀의 사진은 사진의 역사를 다시 쓰게 했다. 비비안 마이어는 누구일까? 청년의 추적 덕에 10만 장의 흑백사진, 인화되지 않은 컬러 필름 700롤, 8밀리미터 영상, 오디오 인터뷰, 사용하던 카메라가 발굴됐다. 2009년 세상을 떠난 비비안 마이어는 그 후 세상에서 가장 유명한 사진작가 중 한 사람이 되었다. 사진집이 출판되고, 전 세계 주요 도시에서 사진전이 열리고, 그녀를 찾는 과정을 다룬 다큐멘터리 〈비비안 마이어를 찾아서〉가 상영되고 있다.

17 APRIL

컵케이크 베이킹

스트레스 풀기용 베이킹 중에서 난이도 낮은 컵케이크에 도전해보기. 시중에서 파는 컵케이크 재료를 쓰지만, 나만의 포인트는 톡톡 튀는 디자인(도트 무늬, 캔디 컬러, 빨간 하트 등)의 베이킹 컵에 있다. 컵에 붓는 반죽의 양이나 오븐 온도를 맞추지 못해 잡지에 나오는 것처럼 고르게 부푼 컵케이크를 만들지는 못하지만, 베이킹 컵 디자인이 예쁘면 다 예뻐 보인다. 무엇보다 금방 만들어 따끈따끈 뽀송뽀송한 컵케이크를 한입 베어 물면 마냥 행복한 느낌.

18 APRIL

눈으로 세계 여행

지금 당장 몸은 갈 수 없지만, 마음은 그곳으로. 여행 프로그램 〈걸어서 세계 속으로〉 〈세계테마기행〉 〈리얼 체험 세상을 품다〉 〈꽃보다 시리즈〉 등을 보며 그 안으로 빠져들기. 언젠가 떠날 그날을 생각하며!

19 APRIL

무슨 말을 하건, 결국 우리는 자신에 대한 이야기를 하게 된다.
— 앨리슨 벡델, 『Fun Home』 중에서

휴먼스 또는 도그스

지금 이 시간, 다른 나라 다른 도시 사람들은 무슨 생각을 하며 살까. '휴먼스 오브 뉴욕'에서 시작한 거리 인터뷰 페이스북 페이지는 휴먼스 오브 런던, 휴먼스 오브 파리, 휴먼스 오브 도쿄, 휴먼스 오브 암스테르담으로 계속 퍼지고 있다. 한국에도 생겼다. 휴먼스 오브 진주, 휴먼스 오브 서울, 휴먼스 오브 분당, 휴먼스 오브 청주……. 길에서 스쳐갈 사람에게 자기 이야기를 끌어내는 인터뷰 기술이 관건이다. 내가 살고 있는 도시에 휴먼스 인터뷰 페이지가 없다면 만들어볼까? 나는 'Dogs of Seoul'을 만들어보고 싶다. 내용은 그냥 왈왈~ 멍멍~ 강아지들 사진만 귀여우면 끝일 듯!

최고의 인터뷰 사람들은 자기 얘기를 하고 싶어 한다. 남의 얘기를 듣고 싶어 하지만, 그 속에서 내 얘기를 꺼내줄 뭔가를 찾고 있다. 감옥에서 방금 나온 사람부터 오바마 대통령까지 인터뷰한 '휴먼스 오브 뉴욕'은 남의 얘기를 듣다가 저절로 내 얘기를 하고 싶게 만드는 최고의 인터뷰이다.

20 APRIL

4월의 교향악 축제

매년 4월 한 달 내내 서울 예술의 전당에서 열리는 교향악 축제 즐기기. KBS교향악단, 서울시향, 코리안심포니, 부천필 등 국내 정상급 교향악단이 한자리에 모이는 국내 최대 클래식 음악 축제를 놓치지 말자. 해마다 작곡가와 주제를 바꿔가며 선보이는 색다른 레퍼토리를 저렴한 가격에 맛보는 즐거움 실컷 누리기. 4월의 국내 교향악 축제에서 애피타이저를 맛보고 나면, 언젠가는 오스트리아 빈 신년 음악회, 영국 BBC 프롬, 스위스 루체른 축제 등 유명한 클래식 축제에 가는 꿈을 키우게 된다.

21 APRIL

1인 노래방

1인 노래방 가서 지금까지 부르고 싶었던 노래 실컷 부르기. 사람들 앞에서 못 불러봤던 어려운 노래부터, 가사 따라 하다 발음이 꼬이는 팝송, 엄청 칙칙하고 슬픈 발라드 등 장르 불문하고 실컷 불러보기. 이유 없이 기분이 가라앉는 날, 나만의 스트레스 해소법.

22 APRIL

심야 책방에서 올빼미 되기

밤새우며 책 읽기? 밤을 새우다 책도 읽기! 주인장이 다 읽은 책만 파는 이상한 헌책방 '이상한 나라의 헌책방', 일명 '이상북'은 매달 둘째·넷째 금요일 밤에서 토요일 새벽까지 심야 책방을 연다. 잠이 오지 않을 때 책을 핑계 삼아 모이는 사람들을 만날 수 있는 곳. 고전 영화나 라이브 공연 감상에다 출출할 때 먹는 야식도 별미. 이상북 주인장은 『이상한 나라의 헌책방』『심야책방』『침대 밑의 책』『헌책이 내게 말을 걸어왔다』『책이 좀 많습니다』라는, 책에 관한 책들을 썼다. 이상북에서 밤을 새워보면 다르게 사는 사람이 생각보다 많다는 게 안심이 된다.

심야책방 이상한 나라의 헌책방(2sangbook.com) 서울 은평구 서오릉로 18(지하철 6호선 역촌역 3·4번 출구)에 위치. 심야 책방은 매달 둘째·넷째 금요일 15시~06시. **다산북카페(나와 나타샤와 흰당나귀)** 서울 마포구 독막로3길 39(지하철 2·6호선 합정역 3번 출구)에 위치. 매주 일요일 24~월요일 07시는 휴무이고 나머지 요일은 24시간 오픈이다. **지혜의 숲** 파주시 회동길 145 아시아출판문화정보센터 1층과 지식연수원 겸 게스트하우스 '지지향'의 로비에 조성된 열린 도서관으로, 지지향 로비는 24시간 개방된다.

23 APRIL

노스탤지어 시간 여행

오래된 가족 앨범을 뒤져보자. 초등학교 입학식 때 엄마랑 아빠랑 찍었던 사진, 골목에서 세발자전거 타던 사진, 두발자전거 처음 배울 때 아빠가 자전거를 뒤에서 잡아주던 사진……. 시간이 흘렀지만, 같은 공간에서 추억의 장면을 다시 연출해보자.

노스탤지어 사진 찍는 법 3가지 ① 옛날 사진을 들고 가서 같은 장소에서 옛 사진 속 사진 따라 찍기. 블로거 테일러 존스는 전 세계에서 이런 사진들을 모으는 디어 포토그래프 프로젝트(dearphotograph.com)를 진행하고 책도 펴냈다. 국내에서 『잘 있었니, 사진아』란 제목으로 출간되었다. ② 어린 나와 다시 만나는 사진 찍기. 일본의 사진작가 치노 오츠카는 옛날 사진 속 어린 자신 옆에 앉거나 서 있는 지금의 모습을 합성했다. ③ 부모님 사진 속 장소에서 사진 찍기. KBS 〈1박 2일〉 촬영 중 명동성당에서 사진을 찍는 미션을 수행한 김주혁은 그 자리가 1967년 부모님의 데이트 사진 속 장소임을 알게 된다. "내가 (이전에) 아는 명동성당이 아니게 된 거다. 의미 있는 곳"이라며 서울 시간 여행이 자신과 부모님을 잇는 특별한 미션이 됐다고 말했다.

24 APRIL

맨발로 걷고, 말을 타거나, 자전거를 탄 사람은 1마일을 가면서 자동차를 탄 여행객들보다 더 많이 보고, 더 많이 느끼고, 더 많이 즐길 것이다.
— 에드워드 애비, 『사막의 아나키스트』 중에서

목적지 없는 자전거 라이딩

자전거를 타고 달리고 싶은 데까지 페달을 밟아보자. 바람을 따라, 스치는 풍경을 따라 내키는 데까지 달리면서 연두색에서 녹색으로 무르익어 가는 봄 풍경 즐기기. 자전거의 두 바퀴에 실려 나도 자연스럽게 풍경의 일부가 되어보자. 목적지를 정하지 않으니까 달리고 싶은 만큼 달리고, 쉬고 싶을 때 쉴 수 있다. 봄바람 살랑살랑 부는 곳으로 달리면서 더 설레는 자전거 여행.

25 APRIL

웃음 코드 찾기

정신줄 놓을 만큼 웃어본 적이 언제던가. 오늘 그렇게 웃을 거리를 만들자. 진지한 미술 작품에는 의외로 웃음 코드가 숨어 있다. 뭉크는 대표작 〈절규〉를 비롯해 절망적인 자신의 상황을 많이 그린 화가. 그의 작품 〈질투〉에는 자신을 떠난 여자가 딴 남자와 다정히 있는 모습을 먼발치서 바라보며 황당해하는 남자가 있다. 떠나버린 여자를 하염없이 바라보는 남자의 퀭한 눈을 바라보면, 심각해야 하는데 웃음이 터져 나온다. 우울한 뭉크에겐 미안하지만, 웹툰에 등장하는 좀비와 다를 게 없다.

마르셀 뒤샹 현대미술의 문을 연 마르셀 뒤샹은 큰 웃음 주기의 귀재였다. 그가 1917년 뉴욕에서 전시한 〈샘〉은 동네 철물점에서 구입한 남성용 소변기를 그냥 갖다 놓은 거였다. 뒤샹은 R. 머트라고 서명한 〈샘〉 앞에서 사진을 찍고 가져가 버린 후, 자신이 창간한 잡지 〈장님〉에 〈샘〉에 대해 남의 일처럼 평론을 썼다. "분명히 어느 예술가라도 6달러를 내면 전람회에 참여할 수 있다. 머트 씨는 〈샘〉을 출품했다. 그런데 아무런 의논도 없이 그의 작품이 사라졌다. 머트 씨의 〈샘〉이 배척당한 이유는 과연 무엇일까." 전시회도 자신이 주관하고, 잡지도 자신이 창간하여 북 치고 장구 친 마르셀 뒤샹. 그의 〈샘〉은 미술의 역사를 〈샘〉 이전과 이후로 나눌 만큼 유명해졌다.

26 APRIL

심플 vs 복잡

심플함이 좋은가? 복잡함이 답인가? 애플 창업자 스티브 잡스는 '심플함'을 추구한 데 비해, 화학자이자 시인인 로알드 호프만은 '나이를 먹을수록 점점 더 복잡함에 매력을 느끼게 되었다'고 말한다. 스티브 잡스는 '심플함이 복잡함보다 더 어려울 수 있다. 심플해지려면 생각을 비우려고 노력해야 한다'고 주장했다. 반대로 로알드 호프만은 '고대 그리스는 단순한 형태를 선호하는 시대였지만, 바로크 시대나 현재는 복잡한 것이 아름답다고 여기는 시대……. 너무 단순한 것은 질리게 봤다. 그런 것은 이야기를 들려주지 않는다'고 반박한다. 어느 말이 옳은가? 내가 믿고 있고, 세상에서 유행하는 주장에 대한 반대 근거 찾아보기. 보이는 것이 전부는 아니다.

반대 독서 『미친 듯이 심플』(켄 시걸 지음) vs 『우리는 모두 별이 남긴 먼지입니다』(슈테판 클라인 지음) 비교해서 읽어보기.

27 APRIL

나는 나를 축하하고, 나를 노래한다.
— 월트 휘트먼, 시 「풀잎」 중에서

1만 일의 전과 후

인터넷의 날짜 계산기에 내 생일을 입력하고, 오늘까지 며칠째 되는 날인지 알아보자. '오늘은 기준일(태어난 날)로부터 ~일(만 ~년 ~개월 ~일) 되는 날입니다'라고 계산 결과가 나온다. 1만 일(만 27년 4개월 16일) 이상 살았다면, 하루하루 잘 살아온 나를 축하하자. 축하 케이크에 초 1만 개를 꽂을 수는 없지만, 1만의 초를 꽂아야 할 만큼 축하하자. 폴 매카트니의 노래 제목처럼 '내가 64세가 되면' 2만 3,000일 이상 사는 게 된다. 3만 6,526일(만 100살) 이상 살 가능성도 있다. 살아가는 하루하루, 축하하며 살자.

28 APRIL

떨어져 나간 겉장, 제목도 없는 책.
나는 일평생 나라는 책을 읽어내려고 안간힘 썼습니다.
– 이제니, 독립 출판 서점 '유어마인드'의 투명한 창문에 걸린 시 「갈색의 책」 중에서

오래된 책 수리하기

아끼는 낡은 책 수리하기. 자주 꺼내 읽는 책일수록 손때가 묻고 누렇게 바래고 책장이 떨어져 나가기 쉽다. 비에 젖거나 물에 빠뜨린 책도 있다. 험하게 본 책을 자주 수리해야 하는 헌책방 주인이나 도서관 사서가 알려주는 방법을 참고해보자.

❶ 떨어진 책장 수리를 위한 준비물은 목공용 풀, 이쑤시개(또는 면봉). 우선 이쑤시개를 활용해 낱장 끝 부분에 풀을 조금씩 바른다(많이 바르면 여러 장이 붙을 수 있다). 풀 바른 책 위에 무거운 책들을 하루 정도 올려놓는다.

❷ 물에 젖은 책의 경우 바로 책장 사이사이에 키친타월을 넣어 물기를 흡수시키고 그늘에서 말린다. 다시 부채처럼 펴서 세워 책이 뒤틀리지 않도록 위아래를 바꿔가며 말린다. 어느 정도 마르면 드라이어로 한 장 한 장 넘겨가며 말린 후 벽돌처럼 평평하고 무거운 물건을 올려놓는다.

❸ 이렇게 수리하고 나면 구겨진 옷을 말끔히 다렸을 때처럼 말쑥한 기분이 들 것이다.

『느릿느릿 배다리씨와 헌책 수리법』 헌책 수리를 본격적으로 해보고 싶다면 『느릿느릿 배다리씨와 헌책 수리법』이란 책을 구해보자. 헌책 수리 교과서처럼 옆에 두고 도움을 받을 수 있다. 이 책은 인천의 배다리 헌책방 거리 축제 때 인기를 모았던 『헌책을 위한 응급 수리법』을 수선하고 덧붙여 만들었다. 독립 출판물 전문 서점인 유어마인드(your-mind.com), 땡스북스(thanksbooks.com), 스토리지북앤필름(storagebookandfilm.com), 더북소사이어티(thebooksociety.org), 헬로인디북스(facebook.com/helloindiebooks), 1984(facebook.com/1984culture), 책방만일(facebook.com/manilbooks), 알라딘(aladin.co.kr) 등에서 구할 수 있다.

29 APRIL

맨발로 흙길 걷기

동네 공원의 흙길에서 맨발로 걸어보자. 부드러운 흙길이어도 맨발로 걷다 보면 발바닥이 따끔거린다. 신발 한 켤레를 사면 한 켤레를 어린이들에게 기부하는 회사, 탐스에서 2014년 4월 29일에 연 '신발 없이 하루 보내기one day without shoes' 캠페인에는 50여 나라 사람들이 참여했다. 수백만의 어린이들이 아직도 신발 없이 산다. 매일 맨발로 뛰노는 아이들을 떠올리며, 착한 기부의 의미를 생각해보는 날.

신발 없이 하루 보내기 캠페인 탐스의 홈페이지(toms.com/onedaywithoutshoes)에 가면 사람들과 모여 이 행사를 준비할 수 있도록 툴키트가 준비돼 있다. 발바닥 찍기, 스티커 등.

30 APRIL

날씨 좋은 날, 그늘에 앉아서 신록을 바라보는 것이 가장 완벽한 휴식이다.
– 제인 오스틴, 『맨스필드 파크』 중에서

연두색 그늘에 누워

나무 그늘 아래, 벤치에 누워 책 읽기. 봄날, 새로 나온 연두색 잎들이 만드는 그늘은 투명하고 맑다. 햇빛에 섞인 바람이 가볍게 부는 나무 그늘 아래서 한두 페이지 읽다 잠들어도 좋은 봄날.

우리는 늘 '무엇을 보는지' 말해야 한다.
하지만, 더 어려운 것은 우리는 항상 우리가 무엇을 보는지
'잘 보아야' 한다는 것이다.

– 르 코르뷔지에, 『르 코르뷔지에의 사유』 중에서

May

1 MAY

오늘은 RRFM 데이

벼룩시장보다 더 열린 시장, 말이 안 될 것 같은 시장이 공짜 시장이다. 그런데, 벌써 10년도 넘게 '진짜 진짜 공짜 시장(really really free market)'이 미국을 비롯해 캐나다, 호주, 영국, 대만 등에서 열리고 있다. 주말에 내가 잘 가는 동네에서 아는 사람들끼리 내 물건이나 내 기술을 공짜로 주고받는 RRFM을 열어보자. 신발, 모자, 가방, 폰 케이스 같은 물건이나, 아마추어지만 꽤 잘하는 네일아트 해주고 컵케이크 나눠 먹기. 처음 보는 사람들끼리 공짜로 주고받으며 누리는 비화폐 경제의 기쁨. RRFM 행사의 특징인 앤티크 스타일의 포스터도 준비하기. 그림 잘 그리는 친구에게 부탁해 포스터를 그려서 한국 최초의 RRFM을 열어보자.

리얼리 리얼리 프리마켓(RRFM) 화폐 없이 물건이나 서비스를 거저 주고받는 시장. 2003년 미국 플로리다 주 마이애미에서 '기프트 경제'에 관심 있는 사람들이 하나둘씩 모여서 안내 포스터를 손으로 그리고, 주말에 공원에 모여 물건과 기술을 공짜로 나누면서 시작됐다. 캐나다, 러시아, 영국, 호주, 남아프리카뿐 아니라 대만, 인도네시아, 싱가포르에서도 RRFM이 열린다. 물건 말고 기술 있는 사람들의 서비스, 집에서 만들어 온 음식, 즐거운 게임도 거저 즐긴다. 자전거도 컴퓨터도 공짜로 고쳐주고, 헤어컷 서비스를 받을 수도 있다.

2 MAY

비밀 일기를 위한 연습

왼손으로 글씨 쓰기(왼손잡이는 오른손으로 글씨 쓰기). 평생 오른손으로만 글씨를 썼는데, 왼손으로 써보니, 왼손의 감각을 발견하는 느낌. 컴퓨터 자판은 양손을 쓰는데, 왜 글씨는 한손으로만 썼을까. 왼손의 경험이 낯설고 대견하다. 한글 써보기. 알파벳과 숫자 써보기. 평소 좋아하는 명언을 왼손으로 써서 잘 보이는 자리에 붙여보기……. 초등학생이 쓴 글씨처럼 삐뚤삐뚤해서 더 사랑스럽다.

왼손 글씨와 미러 라이팅 홍상수 감독은 영화 〈다른 나라에서〉의 포스터 글자를 직접 왼손으로 썼다. 글자를 처음 배워서 한 획도 삐뚤어지지 않으려고 애쓰는 사람처럼, 무척 공들여 쓴 '다.른.나.라.에.서.' 주홍색 글자들이 귀엽다. 왼손잡이였던 레오나르도 다빈치는 글자의 좌우를 바꾼 '미러 라이팅'으로 유명하다. 거울로 비추면 글자가 정상으로 보이는 미러 라이팅은 남들이 잘 알아보지 못하도록 비밀스런 글쓰기를 위해서라고 해석되기도 하고, 왼손잡이가 글쓰기 편한 방식일 뿐이었다는 추측도 있다.

3 MAY

'내 스타일의 그림'을 그리고 싶다고 말하는 사람들이 있습니다. 그러면 우선 스스로가 어떤 것을 좋아하는지, 내 시선이 머무르는 것들이 무엇인지 먼저 한번 체크해보고 수집해보라고 권합니다. 그런 과정을 거치다 보면 내 성향이 무엇인지 알게 됩니다.
자연스럽게 내 것들을 찾아낼 수 있어요.
— 이유리, 『카페에서 그림 그리기』 중에서

카페에서 그림 그리기

카페에서 친구를 기다리거나 혼자 시간을 보낼 때, 눈에 보이는 예쁜 소품을 스케치해보기. 커피 잔, 티스푼, 유리병 등 테이블 위에 놓여 있는 소품부터, 멀리 보이는 커피 머신, 인형, 라디오, 조명 등 카페에는 그리기 좋은 대상이 많다. 디테일에 집중하여 그리다 보면 한두 시간이 금방 흐른다. 한 장 두 장 그림을 모아서 내가 자주 들르는 단골 카페의 풍경집 만들기. 스프링이 달린 작은 스케치 수첩, 4B 연필이나 좋아하는 펜을 준비한다.

『카페에서 그림 그리기』 드로잉 왕초보라면 이 책을 테이블 위에 놓고 따라 그려보자. ① 선 긋기와 도형 그리기 기초부터 시작해 ② 카페 라테, 레모네이드, 애플 주스, 마카롱, 망고 셔벗 같은 카페 메뉴 ③ 토이 카메라, 앤젤 피규어 등 소품 ④ 창가 테이블, 소파가 있는 풍경 등 카페 공간도 따라 그릴 수 있도록 안내해준다.

4 MAY

조슈아의 명언

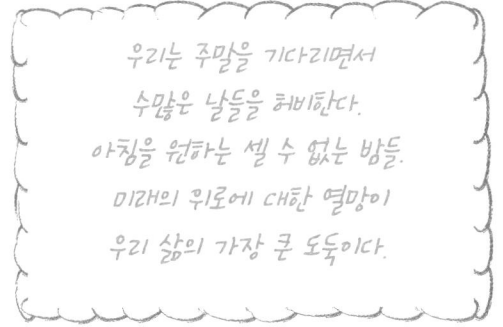

우리는 주말을 기다리면서
수많은 날들을 허비한다.
아침을 원하는 셀 수 없는 밤들.
미래의 위로에 대한 열망이
우리 삶의 가장 큰 도둑이다.

지루하게 흘러가는 일상을 다시 소중히 바라보게 해주는 명언. 아침에 눈 떠서 맨 처음 보게 되는 침대 옆 또는 화장실, 밖에 나가기 전에 볼 수 있도록 현관문에 눈에 잘 띄게 붙여놓자. 핀터레스트, 인스타그램, 블로그에서 수없이 인용된 이 명언을 쓴 사람은 조슈아 글렌 클락. 그는 누구인가? 구글링으로 유일하게 찾은 단서는 그의 텀블러. 그가 올려놓은 명언에 감사의 댓글은 계속 올라오지만 곡을 쓰는 뮤지션이란 프로필, 친구들과 찍은 사진 및 징 외에는 딘시가 별로 없다. 현실에시는 이미추이 뮤지션이지만 명언의 세계에선 유명인인 조슈아. 당신도 일상에서 절실하게 느낀 걸 쓰면 사람들에게 좋은 영향을 주는 명언가가 될 수 있다.

5 MAY

나는 여전히 나 자신이 어린아이라고 여긴다. 그림책을 처음 시작했을 때도 아이였고 지금도 여전히 아이다. 다만 내가 말할 수 있는 건, 내가 여섯 살 때 느꼈던 감정을 지금도 그대로 느끼고, 어렸을 때 이야기를 상상하고 그림을 그렸던 방식으로 지금도 그림책을 그리고 있다는 것이다.
– 앤서니 브라운, 〈채널예스〉 인터뷰 중에서

내 안의 어린아이 만나기

시간이 한없이 느리게 가던 어린 시절에는 어른이 빨리 되고 싶었지만, 어른이 된 지금은 내 안의 어린아이가 어느 사이 커버린 게 아쉽다. 다 큰 어른의 마음에도 어린아이가 살고 있다. 이불 뒤집어쓰고 끝없이 이야기를 지어내던 아이, 해 지는 줄도 모르고 밖에서 뛰어놀던 아이, 만화영화의 판타지에 푹 빠진 아이……. 좋아했던 동화책, 좋아했던 친구, 좋아했던 놀이를 떠올려본다. 내가 어떤 사람인지, 뭘 좋아하는지는 어린 나에게 물어보라. 내 안의 어린아이가 어른인 나에게 답을 준비해두고 있다.

6 MAY

삶이 주는 것을 받아들여라. 그리고 모든 컵을 마셔봐라. 모든 와인을 시음해봐야 한다;
몇 병은 한 모금 맛보고, 다른 몇 병은 다 비워야 한다.
— 파울로 코엘료, 『브리다』 중에서

주말을 위한 와인 시음

퇴근 후 대형 슈퍼에 들러 와인 시음하기.
가격 할인 행사 중인 와인을 골고루 시음해보고,
내 취향의 와인을 골라 한두 병 사 온다.
와인에 맞춰 금요일 저녁이나 주말에 즐길
특별 디너를 계획하며 한 주 보내기.

와인 시음 3단계(가자주류의 '와인 시음법' 참고) **1단계** 눈으로 보기. 밝은 곳에서 흰색 배경에 비춰 보아 색이 딕하지 않고 신명힐 깃. **2단계** 고로 항기 맡기. 외인 간 지루의 끝을 잡고 와인이 소용돌이치도록 가볍게 빙글빙글 돌려준 후 향을 맡는다. 와인과 산소가 만나면서 향을 미묘하게 이끌어 낸다. **3단계** 맛보기. 와인을 천천히 한 모금 마신다. 마신 와인을 입에 머금고 혀 곳곳에 닿도록 한다. 코로 외부 공기를 흡입한 후 천천히 목구멍으로 한 모금을 넘기며 뒷맛을 음미한다. 와인을 시음한 후 마음에 드는 와인이 있으면 테이스팅 노트에 기록해둔다. 전문가가 아니어도 나의 눈, 코, 입이 만족스러워하는 와인을 찾을 수 있다.

7 MAY

숲은 글자 모양도 숲처럼 생겨서, 글자만 들여다보아도 숲 속에 온 것 같다. 숲은 마을의 일부라야 마땅하고, 뒷담 너머가 숲이라야 마땅하다.
– 김훈, 「자전거여행」 중에서

오전 10시, 도시의 숲길

1년 중 숲 속에서 피톤치드가 많이 나오는 때는 신록이 한창인 5월. 하루 중에서도 아침 10시경의 숲은 신선한 피톤치드를 가장 많이 내뿜는다. 5월의 아침, 가까운 도시의 숲을 걸으며 천연 삼림욕 즐기기. 남산, 삼청공원, 종묘 창덕궁 후원, 부암동 백사실계곡 길, 뚝섬 서울숲 등 도시 안의 숲길을 찾아 걸어보자.

8 MAY

*어떤 사람들은 동네의 한 블록을 걸으면서
전 세계를 여행하는 사람이 보는 것보다 더 많이 본다.*
– 아이디 'traveller', 『On Looking』 아마존 리뷰 중에서

동네 탐험가

탐험가가 되어 동네 골목 걸으며 자세히 보기. 멀리 북극이나 사막으로 떠나야만 탐험가가 아니다. 동네에서 매일 지나다니는 길을 천천히 걸으면서 두리번거리면 평소에 못 보던 신기한 구경거리들이 보인다. 모양, 색깔, 소리, 냄새, 눈에 보이지 않는 바람의 움직임까지 그냥 스쳐 가면 볼 수 없고 느낄 수 없는 신세계 만나기.

『바라보기 On Looking』 뉴욕 버나드대학 심리학 교수인 알렉산드라 호로비츠는 2013년에 동네 골목 11곳을 지질학자, 타이포그래피 전문가, 음향 전문가 등 11명의 전문가와 함께 걸으며 관찰한 기록을 모아 『On Looking』이라는 책을 냈다. 건물과 건물 틈에 새들이 둥지를 튼 새집, 바다에서 온 조개가 섞여 있는 석회암, 가을 단풍잎의 벌레 먹은 흔적 등을 자세히 보고 어린아이처럼 신기해하는 등 그의 도시 탐험이 흥미진진하다.

9 MAY

"우리는 여주인공(쥘리에트 비노슈)이 세상을 어떻게 보고 있는지 보여주려고 했어요. …… 우리는 각설탕이 커피에 닿아 갈색으로 물들어가는 씬을 클로즈업으로 보여주었죠. 그녀가 아주 작은 것(각설탕)에 몰입하고, 다른 외부 세계 …… 다른 사람들, 그들의 일, 사랑하는 그녀를 오래 찾아다닌 남자에게 무관심하다는 걸 보여주기 위한 디테일한 장치입니다. …… 흰 각설탕이 갈색으로 물드는 데 8초는 너무 길고, 3초는 너무 짧아요. 우리는 5.5초나 5초가 걸리는 각설탕을 찾아내어 그걸로 촬영했어요."
– 키에슬로프스키, 유튜브 영상 〈키에슬로프스키의 시네마 레슨〉 중에서

각설탕에 대한 명상

〈세 가지 색: 블루〉의 쥘리에트 비노슈처럼 블랙커피에 하얀 각설탕을 한두 개 넣고 다 녹을 때까지 기다리기. 티스푼으로 젓지 말고 그대로 둔 채, 각설탕이 서서히 녹으면서 정육면체의 형태가 사라지는 시간 동안 떠오르는 내 생각을 녹여 넣기. 설탕이 다 녹았을 즈음, 조금 식은 커피 마시기. 내 잡념들도 다 녹아 없어졌다고 상상하면서.

10 MAY

렛 잇 고

노트북 바탕화면에 깔아둔 포스트잇 앱. 약속, 해야 할 일, 사고 싶은 책, 좋은 글 등 잡다한 포스트잇을 가지런히 정돈하고, 맨 오른쪽에 따로 '휴지통'이라고 적은 포스트잇을 추가한다. 오늘 느낀 나쁜 감정이나 욕하고 싶은 사람, 질투 같은 알 수 없는 감정 등을 마구마구 적는다. 퇴근하면서 X표 눌러 휴지통 비우기. 포스트잇에 적은 내 나쁜 감정이 순식간에 사라지는 듯한 착각이 든다. 점심시간 전에 비울 일이 있다면 바로 비우기. 하루 한두 번 감정의 쓰레기가 흔적 없이 비워진다는 좋은 착각은 뇌 건강에 좋다.

11 MAY

메신저 선물

베프나 지인에게 모바일 메신저로 선물하기. 타이밍별 선물 센스도 중요! 밤늦게 보낼 때는 내일 아침 출근길을 챙겨주는 브런치 '식사 거르지 마' 세트, 점심시간을 앞두고는 아이스커피와 캐러멜 아이스 블렌드의 '나른한 오후 파이팅' 세트, 섬 타고 있는 친구에게는 '둘이서 알콩달콩' 세트. 어느 커피 브랜드의 작명 센스가 돋보인다. 다른 브랜드에서도 '든든한 아침의 시작'처럼 비슷한 걸 찾을 수 있다. 커피 교환권 하나 달랑 선물하는 것보다 센스 있어 보인다. 1만~2만 원에 그 사람에게 특별한 시간 선물하기. 기운 빠지는 날은 나에게 '오늘 하루도 토닥토닥 세트'.

12 MAY

세상에서 가장 아름다운 낱말

누가 언제 어떤 기준으로 정했는지 모르지만, 세상에서 가장 아름다운 영어 낱말 순위가 있다고 한다. 1위에서 4위까지는 이렇다.

1. mother
2. passion
3. smile
4. love

요즘 내가 좋아하는 영어 낱말 4개를 나열해보자.

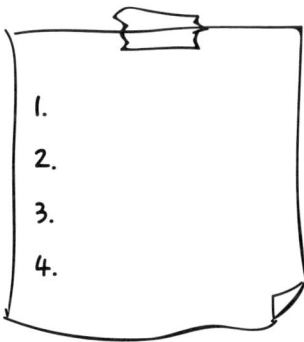

13 MAY

뭉크와 고갱, 클림트가 그린 여자의 일생

태어나고, 성숙해지고, 늙어가는 여자. 우연일까. 19세기 말에서 20세기 초, 10년 사이에 세 남성 화가가 여자의 일생을 3단계로 화폭에 담았다.

• 〈절규〉로 잘 알려진 화가 에드바르 뭉크가 1895년에 완성한 〈여성의 세 단계(일명 스핑크스)〉에는 소녀, 숙녀, 노인이 나란히 서 있다.
• 〈우리는 어디서 왔는가. 우리는 무엇인가. 우리는 어디로 가는가〉. 화가 폴 고갱이 1897년 타이티 섬에서 그린 대작에도 여자의 일생이 담겨있다. 화면 오른쪽엔 갓난아기, 가운데는 젊은 여자, 왼쪽엔 늙은 여자.
• 〈키스〉라는 화려한 그림으로 유명한 구스타프 클림트가 1905년에 그린 〈여성의 세 단계〉에는 갓난아기를 안은 젊은 여자 뒤에 늙은 여자가 고개를 숙이고 있다.

내 삶을 세 단계로 그리면 어떤 모습으로 표현할 수 있을까? 아기 때 사진과 지금 사진을 나란히 보고, 미래에 찍을 내 사진을 상상해보자.

150초에 담은 0세부터 100세까지(vimeo.com/48237094) 암스테르담에서 촬영한 〈100〉에는 0세부터 100세까지 100인이 자신의 나이를 말하는 장면이 150초에 담겨 있다. 매년 1컷씩 찍어서 앞으로의 일생을 기록해보면 어떨까?

에드바르 뭉크, 〈여성의 세 단계〉, 1895

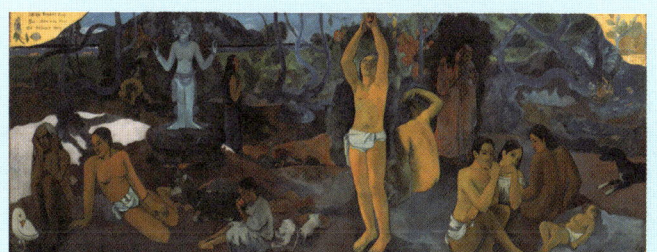

폴 고갱, 〈우리는 어디서 왔는가, 우리는 무엇인가, 우리는 어디로 가는가〉, 1897

구스타프 클림트, 〈여성의 세 단계〉, 1905

14 MAY

피크닉만큼 좋은 건 없다.
– 주이 데샤넬, 「Self」 인터뷰 중에서

플라워 피크닉

체크무늬 패브릭, 킨포크 스타일의 바구니에 담아 온 샌드위치, 딸기, 화이트 와인, 와인 잔 몇 개까지……. 5월에 가까운 공원에서 즐기는 피크닉을 조금 더 로맨틱하게 만들고 싶다면 화사한 꽃을 준비해보자. 장미, 라넌큘러스, 칼라, 작약처럼 화려한 컬러의 꽃들을 갖고 와서 작은 컵에 한두 송이씩 나란히 꽂아두기. 사방에 봄꽃들이 피어 있지만, 소박한 야외 테이블 세팅에 꽃만 곁들여도 더 화사한 봄날의 피크닉을 연출할 수 있다. 피크닉 마치고 집에 돌아와서 꽃병에 꽂아두고 일주일쯤 더 누리는 행복의 여운…….

15 MAY

여행은 끝났어도 즐거움이 남아 있다는 건 다행스러운 일입니다.
— 크리스티나 비외르크, 『모네의 정원에서』 중에서

여행 게시판

사라지기 쉬운 여행의 기억을 '여행 게시판'에 고정하기. 디지털카메라나 스마트폰으로 사진을 무수히 찍지만, 한 해가 지나면 다시 들여다보는 일이 별로 없다. 기억은 시간이 흐를수록 다르게 편집된다. 여행의 기억만큼은 '실물'로 간직해보자. 잘 보이는 벽에 작은 칠판 크기의 '여행 게시판'을 걸어놓고, 여행을 다녀온 후에 추억을 모아 게시판에 붙여보자. 여행 기록물 — 입장권, 차표, 길에서 주운 나뭇잎, 여행지 카페에서 그린 그림과 간단한 메모 등을 핀으로 꽂아 고정하기. 다음 여행을 다녀와서 다 떼어내고 새로운 여행 게시판을 만들 때까지, 여행의 기억을 보존하는 방법.

『모네의 정원에서』 수채화가 아름다운 동화책. 스웨덴으로 입양된 한국 소녀 리네아가 할아버지와 함께 인상파 화가 클로드 모네를 찾아가는 여정을 담았다. 모네의 수련 그림이 걸려 있는 파리의 마르모탕미술관을 방문하고, 기차를 타고 클로드 모네가 살았던 시골 지베르니도 찾아간다. 파리를 떠나는 날 새벽에는 모네처럼 파리의 해돋이 장면을 보기 위해 센 강 한복판의 시테 섬에 들른다. 여행을 마치고 돌아온 리네아는 여행의 기억을 되살린다. '파리 여행에서 가져온 그림엽서, 입장권과 차표, 비둘기 깃털 한 개와 장 마리 투루아 할아버지의 사진'을 핀으로 꽂아 '여행 게시판'을 만든 것이다. 『모네의 정원에서』(크리스티나 비외르크 지음, 레나 안데르손 그림)에 삽화를 그린 레나 안데르손은 리네아의 엄마인데, 입양한 딸을 사랑하는 마음이 그림에 담겨 있다.

16 MAY

나만의 한 접시 클래스

누구에게나 '나만의 한 접시'가 있다. 회사 동료나 친구를 초대하여 우리 집 좁은 부엌에서 여는 쿠킹 클래스. 집에 있는 흔한 조리 도구로 누구나 따라 할 수 있는 레시피에 그 사람만의 깨알 팁이 담긴 요리를 함께 배워보자. 그날의 셰프가 가장 자신 있어 하는 '누구누구 표' 레시피를 배우고, 그 음식에 담긴 이야기를 나누면서 더 가까워지는 시간.

17 MAY

공연 시작을 알리는 공이 울리고, 연주자들은 아직 무대에 나오지 않는 사이. 피아노나 콘트라베이스 같은 큰 악기들과 빈 의자들만 놓여 있는 무대. 정적이 흐르는 그 순간을 얼마나 좋아하는지. 조금 있으면 온갖 소리로 가득 찰 공간이 완전히 비어 있는 침묵을 바라보며 은밀하고 조마조마한 기쁨을 느낀다. 버지니아 울프의 소설 『댈러웨이 부인』에서 빅벤이 울리기 직전의 '뭐라 형용할 수 없는 정지의 순간'을 사랑하는 댈러웨이처럼.
– 클래식 공연 마니아 W

침묵의 음악 듣기

4분 33초 동안 '침묵의 음악' 들어보기. 미국의 전위 예술가 존 케이지가 작곡한 〈4분 33초〉는 침묵의 음악으로 유명하다. 연주자는 무대에서 '4분 33초' 동안 아무것도 하지 않고 있다가 퇴장한다. 위키백과는 1952년 뉴욕 초연을 이렇게 묘사했다. '연주자는 피아노 앞에 앉아서 피아노 뚜껑을 열었다. 몇 분 뒤 그는 뚜껑을 다시 닫았다. 다시 뚜껑을 열었다가 다시 닫고 자리에서 일어났다.' 백지 악보에는 1~3악장에 음표나 쉼표 없이 tacet(조용히)라는 악상만이 쓰여 있다. 연주자는 1악장 33초, 2악장 2분 40초, 3악장 1분 20초 등 정확히 총 연주 시간 4분 33초를 지켜야 한다. 신기한 건 한 번이라도 집중하여 4분 33초 동안 무음의 연주를 듣다 보면 침묵이 정말로 들리게 된다.

4분 33초 연주곡 찾기 아이튠즈 스토어에서 존 케이지의 '4분 33초'를 0.99달러에 구입할 수 있다. 4분 33초 연주곡(?)이 들어 있으며, 사용자들이 업주할 지역의 지두에 핀이 표시되다 존 케이지 트러스트에서 제작한 아이폰과 아이패드용 앱이며, 안드로이드용 앱은 아직 없다. 앱 이름은 4'33"—John Cage. 유튜브에서도 4분 33초 연주 버전을 다양하게 들을 수 있는데, 아무것도 하지 않는 연주 장면을 보면서 침묵을 경험하는 것도 특별하다. 때로는 악장과 악장 사이에 연주자는 악보를 넘기고, 지휘자는 땀을 닦기도 한다. 관객들은 황당해하는 웃음으로 침묵을 잠시 깨뜨리기도 한다.

18 MAY

시폰 원피스와 발레 슈즈 지르기

아무도 응원하지 않는 일 해보기. 고전 발레 〈지젤〉에서 순진한 시골 처녀가 입을 것 같은 시폰 원피스와 발레 슈즈 구입해서 옷장에 넣어두기. 춤을 좋아해 밤새 춤을 추는 지젤처럼 나도 언젠가는 발레 슈즈를 신고 사뿐사뿐 춤을 춰야지.

지젤 역의 파블로바. 사진 제공 호주 국립도서관

19 MAY

글자 오리기 놀이

글꼴이 특이한 잡지나 색깔이 예쁜 제품 브로셔를 다 본 후 그냥 버리기는 아까울 때, 글자 오리기 놀이 해보기. 페이지를 넘기며 맘에 드는 단어를 자른 뒤 단어 조각들을 이어 문장을 만든다. 글자 오리기 놀이에서 의외로 근사한 카피가 탄생한다. 카피에 어울리는 그림을 찾아 붙이거나, 하트 모양을 손으로 찢어 붙이면 완성. 세상에 하나뿐인 축하 카드나 엽서가 탄생한다.

『뉴스페이퍼 블랙아웃』 작가 오스틴 클레온은 잡지와 신문에서 오려낸 글자만으로 『뉴스페이퍼 블랙아웃』이란 책을 냈다. 그가 조사해보니 신문이나 잡지에서 오린 글자만으로 시를 써온 역사가 200년도 더 넘는다고. 우연한 글자들이 필연의 문장을 만든다.

20 MAY

기억의 해독제 처방

바깥 날씨는 화사한데, 기분이 처지는 날. 부정적인 생각이 계속 떠오른다. 이런 때는 신경학자 릭 핸슨과 리처드 멘디우스가 책 『붓다 브레인』에서 처방해준 '해독제'가 필요하다. 해독제는 자신이 경험한 긍정적인 기억들. 지금 바로 앉아서 내가 감사했던 일 열 가지 적기, 그리고 이어서 지금까지 평~생 내가 성취한 일 열 가지 적기. 두 가지 목록을 눈에 잘 띄는 곳에 붙여두고 큰 소리로 읽는다. 살아온 날들 동안 감사했던 일과 성취한 일을 적다 보면 생각보다 수집 목록이 많다. 난 꽤 괜찮은 사람이군. 어느새 기분이 괜찮아지고 얼굴에 미소를 머금게 된다. 긍정은 부정보다 힘이 세다.

> 머뭇거릴수록, 더 잃을 거야.
>
> The more you hesitate,
> the more you lose.
>
> — 찰리 파커 〈Snow's the Tme〉 노랫말 중에서

감사했던 일

1.
2.
3.
4.
5.
6.
7.
8.
9.
10.

성취한 일

1.
2.
3.
4.
5.
6.
7.
8.
9.
10.

21 MAY

하룻밤 도심 여행

도시에서 친구들과 하룻밤 여행하기. 도심의 레지던스나 디자인 호텔을 예약해서 1박 2일간 머무는 여행을 해보자. 멀리 안 가도 되니 시간이 절약되고 도시의 편의 시설도 이용하면서 밤에 서둘러 귀가하지 않아도 되는 게 도시 여행의 즐거움. 숙소 근처 식당에서 근사한 저녁을 먹고 돌아와 와인이나 맥주를 마시며 밤새도록 수다를 떨 수 있다. 아침엔 가까운 공원에서 느릿느릿 산책하고, 빵집에서 사 온 갖가지 빵과 길거리 트럭에서 사 온 과일로 브런치 즐기기. 도심 레지던스나 디자인 호텔 중에서 고궁이나 공원과 가까운 전망 좋은 방을 찾아보자.

22 MAY

해가 갈수록 나무는 계속 달라지고, 새로워지고, 스스로 변신한다. 지구의 끊임없는 힘을 상기시킨다. 그것은 내가 계절을 읽는 방식, 시간에 대해 생각하기 시작하는 방식이다.
– 프랜신 프로즈, 「Real Simple」 중 「The Giving Tree」에서

봄 나무에서 여름 나무에로

나와 닮은 나무 찾기. 내가 나무라면, 어떤 나무와 가장 닮았을까? 가지가 골고루 뻗어서 여름날 시원한 그늘을 아낌없이 선물하는 느티나무, 선비처럼 고고하면서도 여름의 100일 동안만큼은 화려한 핑크빛 꽃을 피우는 백일홍? 봄날에 일주일 남짓 화려한 시절을 보여주고 꽃잎을 훌훌 날려버리는 벚나무, 흔들림 없이 하늘을 향해 곧게 뻗는 메타세쿼이아, 추운 겨울이 오기 전에 활활 불타는 것처럼 빨갛게 단풍이 물드는 단풍나무……. 주변에 있는 나무의 특성을 관찰하며 나와 닮아서 더 좋은 나무를 찾아보자.

23 MAY

로직은 A에서 B로 가지만, 상상은 당신을 어디로든 데려다준다.
– 알베르트 아인슈타인, 다니엘라 쿼시아의 테드 강연 〈해피 맵〉에 인용됨

조금 멀어서 더 행복한 지도

내가 걸어 다니기 좋아하는 산책로를 따라 '행복의 지도' 그려보기. 봄·여름·가을·겨울 계절에 따라 가장 아름다운 풍경을 보여주는 길(사계 지도), 솔 향기, 흙 냄새가 가장 좋은 길(향기 지도)은 어떨까? 우울할 때 걸으면 기분이 좋아지는 오솔길(리프레시 지도), 도시의 소음이 거의 들리지 않는 길(침묵의 지도), 이상한 나라의 앨리스가 다른 차원의 세계로 빠지는 길(동화 지도)은 또 어떤가? 기분 좋은 감각과 상상력을 모아서 여러 가지 행복의 지도를 그려보자. 매일 걷는 산책로도 비밀스러운 행복의 지도를 따라 걸으면 새롭다. 일상이 지루한 건 새로운 발견이 없기 때문이다. 내가 그린 행복의 지도는 매일 다니는 길을 새로 발견하는 기쁨을 준다.

해피 맵 빠른 길이 아니라, 행복하고 아름다운 길을 안내하는 앱이 있다. 테드 강연에 소개된 해피 맵(happy maps, 데모 버전)은 영국 런던에서 경로를 찾을 때, 행복한 길, 아름다운 길, 조용한 길을 알려주는 앱이다. 참여자들의 추천으로 만들고 있으며, 여기에 개인의 기억, 냄새, 소리를 따라가는 경로도 개발 중이다.

24 MAY

*W. H. 오든의 충고처럼 나는 '춤출 수 있을 때 춤추는 법'을 배우고 있다. 오든은 춤을 '잘'
취야 한다고는 말하지 않았다.*
— 에릭 와이너, 『행복의 지도』 중에서

좋은 곳으로 데려다주는 탱고 슈즈

탱고 배운 지 1년째 되는 날. 처음 탱고 배울 때 슈즈를 닦으며 매년 이 날, 드레스 업하고 탱고 슈즈를 신고 밤새 밀롱가를 즐기겠다고 결심했지. '좋은 신발이 좋은 곳으로 데려다준다'는 말처럼, 밀롱가 파티에서 좋은 일이 생길 거야.

밀롱가 탱고를 즐기기 위해 사람들이 모이는 파티. 매년 봄 서울에서 열리는 서울땅고페스티발(seoultangofestival.co.kr)이 유명하다. 춤을 기술적으로 잘 추는 것보다 몸의 움직임이나 즉흥적으로 춤을 추는 데 관심이 있으면 숨 무브먼트(facebook.com/SoomMovement), 창작집단 움스 아카데미(www.facebook.com/su.j.seok)의 창작 무용 워크숍 또는 댄스 만달라(dancemandala.com) 서울 세션을 추천한다.

25 MAY

가장 중요한 것은 당신의 인생을 즐기는 것이다. '행복하게'. 그것이 가장 중요하다.
– 오드리 헵번, 『보그』(1971년) 인터뷰 중에서

for me day

5월 25일은 나에게 선물 주는 날. 5월 달력엔 어린이날(5일), 어버이날(8일), 스승의 날(15일)이 있다. 매년 5월 25일은 나에게 선물하는 날. 5월의 아름다운 날들 속에서 나를 더 빛나게 해줄 선물을 준비해보자.

I'm doing this for ME!

26 MAY

그리고 무엇보다 주변의 모든 세상을 반짝반짝하는 눈으로 봐.
왜냐하면 가장 멋진 비밀들은 전혀 있을 것 같지 않은 곳에 숨어 있기 때문이지.
마법을 믿지 않는 사람들은 결코 그 비밀을 찾지 못할 거야.
– 로알드 달, 동화 「민핀」 중에서

이방인처럼

관광객처럼 시내에서 어슬렁거리기. 집에서 나오면서 금방 호텔에서 나온 관광객이란 생각을 해보자. 광화문에서, 명동에서, 한강에서 관광객들은 신기한 눈으로 두리번거리고 사진을 찍는다. 우리에겐 아무런 감흥이 없는 풍경과 건물과 사람들을 자세히 쳐다보며 신기해한다. 처음 외국을 여행할 때 나도 저렇게 호기심 어린 눈으로 바라봤지. 매일 오가는 거리와 매일 보는 건물이지만, 이곳에 처음 온 관광객처럼 돌아다니자. 무심코 지나다닐 땐 안 보이던 신기한 일들이 펼쳐진다. 테라스가 있는 카페에 앉아서 관광객의 눈으로 오가는 사람들도 관찰해보자. 이방인의 눈으로 바라보면 발걸음이 느려지고 마음이 여유로워진다.

27 MAY

원작에는 그 그림에 대한 어떠한 정보를 통해서도 느낄 수 없는 침묵과 고요함이 있다.
— 존 버거, 「다른 방식으로 보기」 중에서

젊은 작가 그림 컬렉션

10만 원이 넘지 않는 그림 진품 구입해보기. 해외 명화 복사본이나 아트 포스터에 싫증이 났다면, 발품을 팔아 국내 화가의 진품을 골라보자. 인터넷보다는 아트 페어나 인사동·삼청동 골목의 갤러리를 돌아보며, 마음을 끄는 작은 그림 찾아보기. 엽서 크기가 그림 사이즈 1호. 국내 젊은 신인 작가의 작품을 잘 찾아보면 1~4호 사이즈를 10만 원대 이하에도 구입할 수 있다. 전시 구경하러 갤러리를 돌아다니는 것과 그림을 사야겠다는 마음으로 둘러보는 것은 하늘과 땅 차이. 작가가 누군지도 읽어보게 되고, 이 작품을 집 안 어디에 걸면 좋을지도 생각하면서 유심히 보게 된다.

28 MAY

우리는 타인의 시선에서 무엇보다 먼저 우리 자신의 상(像)을 찾는다. …… 누구를 만나 첫눈에 반한다는 것은 알고 보면 '좋은 거울'의 발견을 의미하는 경우가 많다. …… '좋은 거울'을 찾아내면 우리는 다수의 존재로 바뀌고 우리에게 무한한 지평이 열린다. 그럴 때 우리는 우리 자신이 아주 강하고 영원하다고 느낀다.
– 베르나르 베르베르, 『상대적이고 절대적인 지식의 백과사전』 중 「거울」에서

친구의 시간표

친구를 위해 시간을 낸다. 시간을 낸다는 건, 둘이 만나서 시간을 같이 보낸다는 뜻이 아니다. 오늘은 친구의 시간표대로 움직이는 날. 친구가 좋아하는 영화를 보고, 친구가 가고 싶어 하는 곳에 가고, 친구가 먹고 싶어 하는 음식을 먹고……. 수동적이었던 친구일수록 이런 날을 특별하게 기억한다.

29 MAY

"난 이래서 음악이 좋아. 지극히 따분한 일상의 순간까지도 의미를 갖게 되잖아. 이런 평범함도 어느 순간 갑자기 진주처럼 빛나거든. 그게 바로 음악이야."
- 영화 〈비긴 어게인〉 중에서

나른한 오후의 산책

길어진 오후, 이어폰 꽂고 좋아하는 음악 들으며 공원 걷기. 아카시아 향이 섞인 오후의 바람을 느끼며 걷는 즐거움. 나른한 음악 혹은 강아지와 함께 하는 산책의 기쁨.

30 MAY

"현재를 즐겨라, 시간이 있을 때 장미 봉오리를 거두어라. 왜냐하면 우리는 반드시 죽기 때문이지. 내일은 지금의 오늘이다. 내일을 바꾸고 싶다면 오늘을 바꿔라!"
— 영화 〈죽은 시인의 사회〉 중에서

금기를 깨는 장미꽃

장미꽃 몰래 꺾기.
5월부터 여름 내내, 길가 담장을 따라
활짝 피어 있는 장미꽃을 몇 송이만 꺾어 오자.
되는 것보다 안 되는 것이 많았던 학교.
어른이 되어 학교를 떠나서도
여전히 나 자신에게 꽃 한 송이 꺾으면 안 된다고,
착하게 살라고 요구하고 있는 건 아닌지.
작가 마크 트웨인은 말했다.
"착하게 살아라. 그러면 외로워질 거야."

31 MAY

우리가 파는 건 저장 공간이 아니라 마음의 평화와 자유이다.
– 드롭박스의 슬로건, 조광수 블로그(uxsymphony.wordpress.com) 중에서

봄 사진 인화하기

봄에 찍은 사진 정리하기. 스마트폰이나 디지털카메라로 찍은 사진들이 내 손길을 기다리고 있다. 페이스북이나 인스타그램에 올린 사진 말고도 셀 수 없는 사진들이 쌓여간다. 무료로 50기가라는 대용량 저장 공간을 제공하는 드롭박스에 폴더 만들어 사진 정리하기. 봄, 여름, 가을, 겨울 3개월에 한 번씩 시즌별로 정리해둔다. 계절의 마지막 날에 그중에서 마음에 드는 사진들을 인화해서 눈에 잘 보이는 곳에 두고 즐기자. 나의 가장 아름다운 시절을.

사람들의 눈 속에, 경쾌한, 묵직한,
터벅대는 발걸음 속에 들어 있었다.
그녀가 사랑하는 것이, 삶이, 런던이, 유월의 이 순간이.

— 버지니아 울프, 『댈러웨이 부인』 중에서

June

1 JUNE

사진 일기 쓰기

유월의 첫날, 하루에 네 번 같은 풍경 사진 찍기. 해 뜰 무렵, 정오, 퇴근 무렵, 늦은 밤. 하루 네 번 알람을 맞춰놓고, 같은 프레임으로 사진을 찍는다. 매일 지나다니는 공원, 집이나 사무실 창을 열면 보이는 풍경, 자주 다니는 산책로를 하루 네 번 관찰하며 찍는 사진 일기. 일상에서 늘 마주치는 자연이 하루의 빛에 따라 달라 보인다.

"우리(인상파 화가들)는 코로에 비하면 아무것도 아니야. 아무것도." 클로드 모네가 찬사를 보낸 19세기 프랑스의 풍경화가 장 밥티스트 카미유 코로. 그는 프랑스 구석구석은 물론 이탈리아, 네덜란드, 독일 등 유럽 곳곳을 다니면서 자연 풍경을 그렸다. 런던 내셔널갤러리가 소장한 그의 작품 〈하루에 네 번Four Times a Day〉은 시골길의 아침, 정오, 저녁, 밤을 각각 그린 4장의 그림. 하루의 빛에 따라 미세하게 달라지는 풍경을 잘 표현했다.

카미유 코로, 〈하루에 네 번〉, 1858

2 JUNE

제가 선유도공원에서 제일 좋아하는 장소입니다. 제2 침전지였던 수질 정화원 꼭대기에 앉아 졸졸거리는 물소리를 듣고 있으면 어느새 차 소리가 폭포 소리로, 다시 파도 소리로 들리고 그 속에서 나만의 글을 써나갈 수 있는…….
— 조한, 페이스북(hahn.joh.5) 중에서

도시에 숨겨둔 비밀의 공간

지금 살고 있는 도시를 여행하는 기쁨은 그 장소가 마음에 들면 몇 번이고 다시 찾을 수 있다는 것. 도시 여행자로서 새로운 영감이 필요할 때, 지칠 때 언제나 나를 받아주는 공간을 정해두자. 집 근처 공원의 느티나무 아래 그 벤치, 여름이면 분홍색 수련이 피는 그 연못가, 언덕을 조금만 올라가도 시내가 잘 보이는 전망 좋은 그 자리. 여행 책에 안 나오는 나 혼자만의 비밀 장소 만들기. 마음의 위안이 필요할 때 찾아간다.

3 JUNE

해외 직구로 지르는 머스트 해브 아이템

해외 직구 사이트에서 머스트 해브 아이템 지르기. 나의 머스트 해브 아이템은 주방에 하나만 들여놔도 『마사 스튜어트 리빙』의 한 페이지가 될 것 같은 드롱기 아이코나 빈티지 커피 머신. 아티스트가 정성 들여 스케치한 듯 섬세한 디자인에 빠지지 않기란 불가능이다. 커피 머신으로는 드문 색깔인 크림색, 민트색, 아이보리색 중에서 어떤 걸 고를까? 값은 꽤 비싸지만, 커피 좋아하는 내가 두고두고 즐길 수 있는 사치. 해외 직구 사이트는 외국어라서 낯설지만 장바구니에 담고 결제하는 방법만 익히면, 국내 직구 대행보다 저렴한 가격으로 희귀 아이템을 구하는 깨알 재미가 있다.

해외 직구 사이트 스칸디나비안 디자인 센터(scandinaviandesigncenter.com) 이딸라, 마리메꼬, 아라비아 핀란드 등 북유럽 식기 및 인테리어 소품을 국내보다 훨씬 저렴한 가격으로 구매할 수 있는 곳. 회원 가입이 필요 없고, 한국 직배송이 가능해 편리하다. **아마존 이탈리아(amazon.it)** 네스프레소, 드롱기 등 소형 가전 제품을 직구할 때는 유럽 내수용 제품을 구입하면 가격은 저렴하면서도 국내와 전압이 같아 편리하다. **수라테이블(surlatable.com)** 미국의 주방용품 종합 판매점으로 다양한 식기와 주방 소도구, 베이킹용품을 구입할 수 있다. 한국 직배송이 되지 않으므로 미국 배송 대행지를 이용해야 한다.

4 JUNE

퇴근 후 캔 맥주와 예능

퇴근 후 캔 맥주를 마시며 재미있는 텔레비전 예능 프로그램을 보면서 하루의 스트레스를 날린다. 집에 오는 길에 편의점에 들러 한 번도 안 마셔본 캔 맥주를 골라보자. 맥주 브랜드별로 맛을 음미하며, 평소에 보고 싶었던 예능 프로그램 몰아 보기.

5 JUNE

은밀한 기쁨, 길티 플레저

남몰래 탐닉하는 은밀한 기쁨. 누구한테 꺼내놓고 말하기는 떳떳하지 않지만, 달콤해서 도저히 끊을 수 없는 나만의 '길티 플레저'는 무엇인가? 아이스크림 큰 컵을 다 먹으며 막장 드라마 보기. 시간 가는 줄 모르고 연예인 뉴스에 달린 댓글까지 다 읽기. 로맨스 소설 마니아들이 인정하지 않는다는 로맨스 소설 『그레이의 50가지 그림자』 읽고 영화까지 보기. 영화의 야한 장면만 골라 보기. 어린아이처럼 젤리 가게에서 종류별로 한 봉지 가득 사서 다 먹기……. 개인 브랜드 전문가인 멜리사 카세라는 일상에 지쳤을 때 사용할 수 있는 '길티 플레저 응급 처치 세트'를 구비해 놓으라고 말한다. 내가 탐닉하는 다크초콜릿, 불량식품, 로맨스 소설 등이 들어 있는 나만의 길티 플레저 세트. '응급용'이라는 라벨과 함께 꼭 필요할 때 나를 구원해주는 은밀한 기쁨들.

길티 플레저(guilty pleasure, 위키피디아 참고) 뭔가 즐기면서도 그걸 즐긴다고 말하기에는 부끄럽고 죄책감을 느끼는 즐거움.

 JUNE

맨발 여행은 그 장소를 진실로 느끼게 해준다.
— 사브라 워드 해리슨, 『스필링 오픈 — 너 자신이 되는 기술』 중에서

잔디밭에서 맨발의 자유

6월의 잘 자란 잔디밭에서 맨발로 걷기. 사계절 푸른 잔디밭이 있는 유럽의 공원에서 맨발로 걸으며 느껴본 초록초록 보들보들 잔디의 감촉. 반가운 소식은 한국에서도 서울의 한강시민공원이나 부산의 송상현잔디광장처럼 공식적으로 잔디 위에서 놀아도 되는 공원이 늘고 있다는 것. '들어가지 마시오'라는 푯말이 없는 곳에서 맨발의 자유를 누려보자. 맨발에 햇볕도 쐬며 한참 걷다가 다시 신발을 신으면 날아갈 듯 두 발이 가벼워진다.

공식적으로 잔디를 밟을 수 있는 곳 서울 한강시민공원(뚝섬공원, 잠실공원 등 11개 공원, hangang.seoul.go.kr), 부산 송상현잔디광장(지하철 부전역), 대전 대전엑스포과학공원 잔디광장(버스 318번), 대구 두류공원 코오롱음악당 잔디광장(1호선 성당못역, 2호선 두류역), 광주 광주시청 잔디광장(버스 33, 33-3, 33-4번) 등. 집에서 가까운 대학 캠퍼스에 찾아가도 들어갈 수 있는 잔디밭이 많다.

7 JUNE

잉글리시 브렉퍼스트

오늘 아침에는 영국식 아침 식사, 잉글리시 브렉퍼스트를 정식으로 준비해볼까. 커다란 접시에 구운 식빵 한 조각, 계란 프라이, 구운 베이컨, 소시지, 토마토, 버섯, 해시 포테이토, 베이크드 빈 등을 담는다. 음료는 취향에 따라 커피나 홍차, 주스 곁들이기. 영국에 머물렀던 추억을 되살리며 근사한 영국식 아침 즐기기.

잉글리시 브렉퍼스트를 즐길 수 있는 곳 **홍대 입구 나무네요** 마포구 와우산로35길 71-4, 지하철 2호선 홍대입구역 7번 출구, facebook.com/ccm.cafe.namuuneeyo **경리단길 녹사 라운지** 용산구 녹사평대로 234, 지하철 6호선 녹사평역 2번 출구 등.

8 JUNE

나의 고마운 신발들

신발장에 있는 신발을 다 꺼내서 빈티지 느낌으로 사진 찍어보기. 동네 산책할 때마다 신는 운동화, 딱 한 번 신고 버리기엔 아까워서 모셔둔 킬힐, 해져도 좋은 컨버스화, 유행이 지나서 다음 여름에 또 신을 수 있을지 모를 샌들을 한 켤레씩 찍어보자. 폴라로이드 카메라로 찍어서 바로 인화해 걸거나, 스마트폰에서 빈티지 느낌 나는 필터로 찍은 사진을 인화해서 벽 한쪽에 폴라로이드 사진 틀처럼 만들어 걸어보기. 나를 어디론가 데려다주었고, 앞으로도 많은 곳으로 데려다줄 고마운 신발들.

9 JUNE

한겨울에 꺼내 먹을 산딸기

산딸기의 계절, 양이 많기로 소문난 과일 가게 찾아가기. 토실토실하게 잘 익은 산딸기 한 박스 구입해서 깨끗하게 씻은 후 알알이 냉동 보관해 두기. 초여름을 떠올리며 산딸기를 한 알 한 알 꺼내 먹는 한겨울의 즐거움을 예약하는 시간!

냉동 산딸기 즐기기 냉동실에 쟁여둔 산딸기는 플레인 요구르트에 올려 먹거나, 주서기에 꿀을 넣고 갈아서 달콤한 산딸기 스무디를 만들어 먹는다.

10 JUNE

위로의 돌멩이

어디에서나 볼 수 있는 흔한 돌멩이 하나를 주워 온다. 매일 다니는 길에서 주운 돌멩이 하나를 책상에 올려놓고 위로가 필요할 때 손으로 만지작거린다. 돌멩이를 만지면 따뜻한 느낌이 들어서 정말 위로를 받는 것 같다. 돌멩이의 무늬, 색깔, 모양을 자세히 볼수록 지구별의 오랜 세월이 느껴진다. 자연은 있는 그대로 그 자리에 두어야 한다고 들었지만, 길에 떨어진 작은 돌멩이 하나를 데리고 와서 친구를 삼는 건 그리 나쁘지 않을 것 같다. 여행지에서도 하나둘 모은 돌멩이들을 나란히 올려놓고, 돌멩이와 함께했을 햇빛과 비, 바람을 떠올려보자.

가우디와 돌멩이 스페인의 건축가 안토니 가우디는 구엘 공원과 사그라다 파밀리아 성당을 지으면서 돌멩이 하나도 버리지 않고 모았다가 자재로 활용했다. 소박한 삶을 산 가우디의 책상에는 돌멩이 몇 개가 놓여 있었다.

11 JUNE

여름날 저녁 색채 음악

6월의 저녁 6~8시. 서울 예술의 전당 음악 분수대 옆 테라스 카페에 앉아 달라지는 색채를 시시각각 즐기기. 파랗던 하늘이 서서히 검게 변하는 여름날 저녁, 색채의 향연 한가운데서 클래식 음악에 맞춰 춤추는 음악 분수. 하늘로 높이 솟았다가 떨어지는 분수에서 흩어지는 물방울, 완전히 어두워진 후 선명하게 분수를 투과하는 빛……. 음악의 신 뮤즈가 지상에 내려온다면 여름날 해질 무렵, 이 순간의 색채와 어울리고 싶어서겠지.

12 JUNE

그만큼만 현금 쇼핑

집으로 돌아오는 길에 명동이나 동대문 패션몰 같은 쇼핑 거리에 내려서 신상 옷이며 화장품 구경하기. 카드를 쓰지 말고, 현금인출기에서 딱 정한 액수만 뽑아서 그만큼 지르는 길로. 소소한 것밖에 못 사지만, 계획하지 않았던 쇼핑만으로도 기분 전환.

13 JUNE

오후 5시의 햇볕 아래서 이가 시리도록 차가운 마티니.
— 데이비드 코긴스, 『킨포크』 중 「낮술의 미학」에서

낮술

여름날 늦은 오후에 낮술 먹기.
네다섯 시에 테이블 몇 개 없는
작은 호프집에 가서 술 먹기.
맥주 한두 잔 마시고,
사람들이 들어오기 시작할 때 나오기.
어두워지는 길 슬슬 걸으며
완전히 어두워질 때까지 걷기.

14 JUNE

100일 후엔 오디주

6월은 오디 수확 철. 뽕나무에 열리는 까만 오디로 오디주를 담가보자. 딱 100일이 지나 술이 익을 무렵에 추석 명절이 찾아오므로 온 가족이 달달한 오디주를 나눌 수 있다.

오디주 담그는 법 **준비물(비율)** 오디 5, 설탕 1, 담금주 10 **만들기** ① 오디와 설탕을 버무린다. ② 2~3일이 지나 설탕이 다 녹고 과즙이 우러난 뒤 담금주를 붓는다. ③ 서늘한 곳에서 100일 정도 숙성시킨 후, 건더기는 걸러내고 액만 담아 냉장 보관한다.

15 JUNE

Just keep going

나는 더 이상 앞에서도 뒤에서도
희망이나 두려움을 보지 않는다.
그저 감사하는 마음으로,
내가 발견하는 좋은 것을 취한다.
지금 여기서 가장 좋은 것을.
— 존 그린리프 휘티어, 캐롤라인 스토신저의 『백년의 지혜』 서문에 인용됨

16 JUNE

일상의 매니페스토

내가 일상에서 중요하게 생각하는 것. 실천하고 있거나 지키고 싶은 것에 대한 일상 공약문(매니페스토)을 만들어보자. 아티스트 리사 스월링이 운영하는 라스트 레몬(lastlemon.com)의 매니페스토는 '일찍 일어나기, 텔레비전 끄기, 와인 마시기, 열심히 일하기, 더 열심히 놀기, 사람들이 나를 돕게 하기, 바람을 느끼기…….' 회사 매니페스토치고 너무 소소한가? 소소해서 더 끌리는 내 일상 매니페스토를 만들어보자.

매니페스토(manifesto) 개인이나 단체가 정치적 의도와 견해를 밝히는 연설이나 문서. 정치와 상관없는 분야에서도 자신의 주장과 견해를 분명히 밝힐 때에 사용한다.

17 JUNE

화가를 사랑하는 법

내가 좋아하는 화가의 삶은 어땠을까? 화가가 주인공인 영화 찾아 보기. 고흐와 르누아르, 마네의 삶을 그린 〈반 고흐, 위대한 유산〉(2013), 〈르누아르〉(2012), 〈마네의 제비꽃 여인〉(2012)에서 인상파 그림처럼 아름다운 화면을 감상해보자. 겨울 풍경 하면 떠오르는 화가 피터르 브뤼헐의 작품이 나오는 〈뮤지엄 아워스〉(2012), 요하네스 베르메르의 신비로운 그림 속 소녀를 추리한 〈진주 귀걸이를 한 소녀〉(2003), 초현실주의 화가 르네 마그리트의 그림 속 정장을 입은 절도범이 등장하는 〈토마스 크라운 어페어〉(1999), 초상화의 대가 렘브란트 판 레인의 집단 초상화 스토리를 담은 〈야경〉(1999) 등 화가의 작품들에게 바치는 오마주 영화도 찾아보자. 화가를 사랑한 영화감독들이 만든 영화는 그 화가가 그린 그림의 조명과 색채를 잘 재현하고 있다.

18 JUNE

내 사랑은 6월에 갓 핀 붉고 붉은 장미. …… 바닷물이 다 마를 때까지 바위가 햇빛에 다 녹아내릴 때까지, 사막의 모래가 다 사라질 때까지…….
— 로버트 번스, 시 「붉고 붉은 장미」 중에서

내 사랑은 붉고 붉은 장미

집으로 돌아오는 길에 장미꽃 한 다발 사기. 바깥이 온통 초록으로 뒤덮이는 6월, 붉은 장미를 꽃병 한가득 꽂아둔 공간에서 팝페라 가수 이지(Izzy)의 목소리로 〈My Love is like a Red, Red Rose〉를 듣는다. 6월에 갓 핀 장미 같은 사랑이 지구가 끝나는 날까지 영원하기를 연인에게 맹세하는 가사를 들으면서, 내가 그의 연인이 되는 로맨틱한 상상에 빠져보자. 이 곡은 18세기 여러 여성들의 가슴을 설레게 했던 스코틀랜드의 미남 시인 로버트 번스가 스코틀랜드 전역을 돌아다니며 수집한 옛 민요에서 유래했다. 시 「붉고 붉은 장미」는 이후에도, 밥 딜런을 비롯한 수많은 아티스트들에게 영감을 주고 있다.

19 JUNE

우울할 때는 청양고추.
– 강익중, 시 「내가 아는 것」 중에서

더울 때는 매운맛

매운 떡볶이 집 찾아가기. 너무 매워서 우유를 먼저 의무적으로 마셔야 하고, 한 입 먹기만 해도 현기증이 날 만큼 매운 떡볶이 집도 있네. 일이 잘 안 풀리는 날은 매운 떡볶이가 최고! 가슴 쓰린 것보다야 속 쓰린 게 낫지 않을지.

20 JUNE

묵언

1년에 하루는 묵언 수행 실천.
내가 얼마나 많은 말을
쏟아내고 있는지,
스스로 점검해보며
침묵의 힘을 경험해볼 수 있다.
대화가 꼭 필요할 때는 공책에
'침묵 중'이라는 글을 보여주며,
글로 써서 대화하기.

침묵의 집(kilsangsa.info) 서울 성북구 길상사에는 '침묵의 집'이 있다. 묵언하며 명상할 수 있도록 열려 있는 공간. 이용 시간은 매주 월~토요일 10~17시. 성북구 선잠로5길 68(지하철 4호선 한성대입구역 6번 출구에서 길상사 셔틀버스 또는 마을버스 이용)에 위치.

21 JUNE

영국식 정원의 로망

'정원이 있는 집에 살아보기. 잉글랜드에서 스코틀랜드까지 영국 정원 여행하기…….' 죽기 전에 해봐야 할 일 목록에 넣어둔 정원에 대한 로망. 오늘은 영국 정원에 대한 로망에 한 발 다가가 보자. 블로그 '주한영국문화원이 전하는 영국 이야기blog.britishcouncil.or.kr'가 생긴 이래 5년 동안 검색 상위 키워드로 꼽힌 영국 정원 가이드. 영국의 아이콘으로 맨 처음 소개된 영국 정원에 대한 포스팅과 함께 『영국 정원 산책』의 저자 오경아가 연재한 영국 정원 이야기를 읽으면서 로망을 키워보자.

영국식 정원 색칠하기 스코틀랜드 시골에 사는 일러스트레이터 조해너 해스포드의 『비밀의 정원』을 색칠하다 보면 왜 영국인들이 가드닝에 열광하고, 왜 정원을 천국이라고 하는지 알 수 있다. 천국은 뭔가에 몰입해서 자신과 시간을 완전히 잊어버리는 공간.

22 JUNE

석양보다 아름다운 뮤지컬은 없다.
– 클로드 드뷔시, 「하버드 음악 사전」 중에서

하지의 노을 바라보기

태양이 머리 위에 가장 높게 뜨고, 낮이 가장 긴 때. 1년 중 낮이 가장 길어 하루 중 14시간 35분이 환하다. 저녁 7~8시쯤, 맥주를 한 잔 마시며, 해가 서서히 지는 걸 본다. 천천히 취하며, 여름 노을 즐기기.

지구 어딘가의 노을 한국에서 노을이 가장 아름답고 선명할 때는 6월이다. 인스타그램과 핀터레스트에서 #노을 #sunset을 검색해보면, 지금 노을이 지고 있는 지구 어딘가의 아름다운 노을 사진을 공유할 수 있다.

23 JUNE

요가의 동물 자세

요가의 동물 자세 따라 해보기. 고양이 자세, 물고기 자세, 코브라 자세, 토끼 자세, 사자 자세……. 온몸을 웅크리거나, 길게 늘이는 동물 자세로 스트레칭을 해보자. 평소 사용하지 않던 근육이 펴지고, 마음도 반듯하게 펴진다.

집에서 따라 하기 쉬운 요가 동영상 **무료 요가 앱** 데일리 요가(신체 부위별, 공간별, 자세별 추천 요가), 홈 다이어트 요가(준비 동작, 신체 부위별 요가), 비키니 몸매 만들기 요가(몸 풀기, S라인 만들기) 등. **유튜브 요가** 동영상 옥주현 다이어트 & 요가(약 50분 동안 온몸 스트레칭), 제시카 요가(신체 부위별 자세 바로잡기와 다이어트) 등.

24 JUNE

영원은 — 지금들로 만들어진다.
– 에밀리 디킨슨 시 「영원은 지금 이 순간들이 모여 이루어진다」 중에서

테라스 카페에서 거리 구경

야외에 테이블이 놓인 테라스 카페에서 여유 즐기기. 유럽의 노천카페에 앉아 있는 여행자가 된 것처럼 혼자 차 한 잔 앞에 놓고, 거리를 지나다니는 사람들을 바라보며 보내는 여름날 저녁 한때.

테라스 카페가 있는 동네 홍대입구와 상수동 거리, 합정동 북카페 골목, 연희동 사러가쇼핑 주변 카페 거리, 신사동 가로수길, 이태원 경리단길 등에 개방형 테라스 카페가 많다.

25 JUNE

3%

월급날,
쇼핑몰이나 백화점으로 달려간다.
한 달 동안 수고한 나를 위해,
소소한 선물을 산다.
마치 좋은 일에 기부하듯이,
이날 나를 위해 월급의 3퍼센트
기꺼이 쓰기.

26 JUNE

세상 만물에는 금이 가 있다. 그 틈새로 빛이 스며드는 것이다.
- 레너드 코헨 〈Anthem〉 노랫말 중에서

오른손에게

'네가 못생겼다고 생각해서 어릴 때부터 감추고 다녔어. 너를 발견한 건 혼자 떠난 어느 여름날의 여행길에서야. 낯선 곳에서 익명의 자유를 누리며 공원 잔디밭에 누워 유심히 쳐다본 너. 왼손보다 마디가 두껍고, 기억도 안 나는 아이 때 흙장난하다 생긴 상처도 남아 있긴 하지만, 감추고 다닐 만큼 못나지는 않았음을 처음 알았어. 오른손잡이인 나에게 너는 왼손보다 더 많은 일을 해주었지. 연필과 볼펜을 쥐고, 가위질을 하고, 가방을 들고, 머리를 빗어주고, 책장을 넘겨주는 너. 이제부터 내 몸에서 잘생김과 못생김에 대한 구분을 싹 지워버릴게.'

이 여름은 내 몸을 발견하고 사랑하는 날들로 채워가자. 내 몸의 결점이라고 생각하는 곳에게 편지 쓰기. 결점을 타자화하여 객관적으로 보게 되는 방법.

『킨포크』 13호 소장하기 도시에서도 소박하고 조화로운 삶이 가능함을 알려주는 잡지 『킨포크』 중 '결점' 특집호인 13호는 척추측만증 발레리나, 타버린 토스트, 짝을 잃은 양말 등을 이야기하며, 우리 삶의 흠집은 추억을 만들어가는 과정이며 실패작이란 없다고 다독인다. 책장에 두고 마음이 작아질 때면 비타민제처럼 챙겨 읽고 싶은 글들. '결점은 최선을 다한 삶이 만들어낸 아름다운 부산물이나 다름없습니다'. 발행인 네이선 윌리엄스가 쓴 서문만 읽어도 '뭐 어때' 하는 용기가 생긴다.

27 JUNE

영원한 유산이라는 환상에 젖기보다는 매일의 유산을 남기며 살아가기.
— 레인 콘저 & 마셜 골드스미스 외, 『내 인생을 바꾼 특별한 순간』 중에서

소소하게 베풀 수 있는 일

일상에서 소소하게 베풀 수 있는 일 찾아보기. 오늘 하루는 의견이 다른 사람의 말에도 귀 기울여 들어주기. 조언을 하고 싶어도 입 다물고, 공감해주는 걸로 그치기. 페이스북에서 보이는 대로 '좋아요' 눌러주기. 친구나 동료에게 도와줄 일이 있는지 물어보기. 나에게는 필요 없으나, 누군가에게는 쓸모 있는 물건을 아름다운 가게에 보내기. 엄마에게 전화하기. 일상에서 사소하게 나눠줄 걸 발견하고 실천하면 하루하루가 뿌듯하게 채워진다.

28 JUNE

교외 카페에서 공부하기

햇살 가득 들어오는 어떤 낯선 카페에서 밀린 일 하거나 공부하기. 주말에 일거리가 쌓여 있을 때, 노트북 들고 자동차로 1시간 이내에 닿을 수 있는 교외의 한적한 카페를 찾아간다. 파주의 출판도시나 헤이리마을, 양평 두물머리 등을 찾아가 넓고 전망이 좋은 카페의 2층에 자리를 잡으면 주인 눈치 안 보고 종일 일하면서 놀면서 보낼 수 있다. 주말에 사무실에 나가 근무하는 것보다 월요일 출근이 훨씬 가벼워진다.

29 JUNE

긴 저녁이 있는 삶

아직 해가 떠 있는데 퇴근이라니, 야호! 약속 잡지 말고, 여름날 아직 어두워지지 않은 퇴근길을 만끽하자. 일찍 퇴근하는 날은 저녁 시간을 벌어놓은 느낌. 회사 근처에 고궁이나 공원이 있다면 조금 돌아가더라도 그쪽으로 발길 돌리기. 집에 돌아와서 옷도 갈아입지 않은 채, 좋아하는 음악을 들으며 쉬는 여유가 참 좋다. 혼자 있을 때 볼륨 최대한 높이고 록 밴드 콜드 플레이의 〈In My Place〉에 푹 빠지기. 여름이 되면 꼭 다시 보게 되는 영화 〈기쿠지로의 여름〉을 보고, OST 〈Summer〉 들어보기. 해가 긴 여름날 저녁, 약속이 없는 날은 시간이 공짜로 생긴 것처럼 무엇을 해도 여유롭다.

30 JUNE

정지 화면처럼

1년의 반을 보낸 지금, 남은 반을 느리게 보내는 방법. 시간이 느리게 흘러가게 하는 방법은 시간을 세밀하게 기록하는 것이다. 영화 〈스모크〉처럼 매일 같은 시간의 풍경을 사진 찍고, 어느 영국 화가처럼 같은 나무를 365일 관찰하며 그리고, 화가 에드워드 호퍼처럼 시간이 정지한 듯한 화면을 그리면서 시간의 '흐름'과 '정지' 사이를 여행할 수 있다.

에드워드 호퍼 정류장, 주유소, 호텔처럼 사람들이 일시적으로 머물렀다 떠나는 장소를 배경으로, 사람들의 모습을 정지 화면처럼 그린 미국 화가. 그의 그림을 영화로 재현한 것이 〈셜리에 관한 모든 것〉이다.

*행복, 지식은
다른 곳이 아니라 여기에,
다른 시간이 아닌, 이 시간에 있다.*

– 월트 휘트먼, 시집 「풀잎」 중 「직업을 위한 노래」에서

July

1 JULY

이보다 더 좋을 수 없다! 만화 카페

만화 카페에서 시원한 얼음 음료 마시며 만화책 보기. 어둡고 퀴퀴한 만화방 대신, 환하고 산뜻한 만화 카페에서 몇 시간이고 만화책을 보며 뒹굴뒹굴하기. 마포구 서교동의 '즐거운 작당'에는 그래픽 노블을 포함하여 만화책 3만 권이 빽빽이 꽂혀 있다. 서울애니메이션센터의 국내 최대 만화 도서관에서 보유한 만화책이 5만 권이니, 즐거운 작당에 가면 시중에 나와 있는 만화책은 거의 다 볼 수 있다는 얘기. 다락방과 굴속 같은 방, 계단 아래 등 숨어 있기 좋은 공간에서 야식을 먹으며 좋아하는 만화책을 넘기는 깨알 재미. 이보다 더 좋을 수는 없다!

만화 카페 즐거운 작당(facebook.com/makeyourstoryhappen) 커플 다락방이 인기. 11~24시 오픈. 마포구 독막로7길 23(지하철 6호선 상수역 1번 출구)에 위치. **카페 데 코믹스 홍대점** 고양이가 있는 만화 카페. 10~05시 오픈. 마포구 어울마당로 96(지하철 2호선 홍대입구역 9번 출구)에 위치. 신촌점, 건대점 등이 있음. **만화 카페 섬**(facebook.com/sumisland) 2층 침대와 편안한 1인용 소파가 있는 곳. 11~02시 오픈. 강남구 강남대로 156길 31(지하철 3호선 신사역 8번 출구)에 위치.

2 JULY

*나른했던 어제의 난, 여름비에 흘러 사라져가.
내 하루를 재촉하는 상쾌한 공기 힘껏 마시고.*
– 모리, 〈여름비〉 노랫말 중에서

비가 내리면……

올여름 비 내리는 날 해야 할 50가지 목록 써보기. 비 흠뻑 맞으며 돌아다니기. 비 내리는 풀장, 강가, 바다에서 수영하며 얼굴에 빗방울 맞기. 비 내리는 밤에 술 마시고 거리를 걸으며 오페라 〈마술피리〉 중 〈밤의 여왕 아리아〉 노래하기. 맨발로 장난치기. 우산 돌려서 빗물 멀리 보내기. 붓에 빗물 찍어서 짝사랑에게 (마르면 지워지는) 러브레터 써보기. 강물에 러브레터 띄워 보내기. 테이크아웃 커피 잔에 빗물 받아 냉장고에 얼려놓기. 비 오는 날 창가 풍경이 아름다운 카페에서 시간 보내기……. 비 오는 날 놓치면 아까운 to do list. 혹시 오늘 비가 온다면?

3 JULY

첫 문장이 유명한 소설들
- 그 폐가로 가자는 말을 처음 꺼낸 건 쇼타였다.
— 히가시노 게이고, 『나미야 잡화점의 기적』
- K는 밤늦은 시각에 도착했다.
— 프란츠 카프카, 『성』
- 행복한 가정은 모두 엇비슷하지만, 불행한 가정은 각자 고유한 방식으로 불행하다.
— 레오 톨스토이, 『안나 카레니나』

첫 페이지와 마지막 페이지

소설의 첫 페이지와 마지막 페이지 읽기. 제목만 들었던 고전이나 읽고 싶었는데 못 읽었던 현대 소설을 펼쳐 첫 페이지와 마지막 페이지만 읽어보자. 레오 톨스토이의 『전쟁과 평화』, 프란츠 카프카의 『변신』 같은 고전도 좋고, 지적인 작가 줄리언 반스의 『예감은 틀리지 않는다』도 좋다. 또는 요즘 인기 있는 베스트셀러 소설을 골라 서점에서 첫 페이지와 마지막 페이지만 읽어보기.

『읽지 않은 책에 대해 말하는 법』 프랑스 문학비평가 피에르 바야르의 이 책은 책을 다 읽지 않아도 된다는 위안을 준다. 고전이라고 꼭 읽어야 할 의무는 없으며, 베스트셀러에 문외한이어도 좋다는 게 그의 주장이다. 이 책에서 읽지 않은 책에 대해 잘 아는 척하는 방법도 커닝하기.

4 JULY

숫자 여행

독립 여행 안내서 출판사 론리 플래닛이 제안한 '실험 여행' 중 하나. 특정 숫자로 도시 여행하기. 예를 들어, 7이라는 숫자로 여행하려면, 7번(또는 7번이 들어간 숫자) 버스를 타고 7분 후에 내려서 7번째로 지나가는 사람에게 길을 물어본다. 그 방향으로 걷다가 7번째 보이는 카페에서 7번째 보이는 메뉴를 주문한다. 오늘은 이 숫자로 된 길을 따라 여행해보자. 숫자가 우연을 만들고, 좋은 인연을 만들어줄지도 모른다.

5 JULY

도심 속 음악 축제, 여우락페스티벌을 한 번이라도 관람하면 매년 찾게 되더라고요. 여우락의 작품들은 매년 신작으로 구성되지만, 왠지 친근하게 느껴져요. 무더운 여름밤에 한줄기 바람처럼 시원한 경험이랍니다.
— 문화예술 전문 블로거 최상미, 블로그(해오름달의 문화 즐기기 blog.naver.com/hohosm) 포스팅 중에서

도심의 여름 축제, 7월의 여우락페!

도심의 숲 속에서 시원하게 함성을 지를 수 있는 락페를 놓칠 수 없다. 2010년부터 매년 7월 남산 국립극장에서 한 달간 열리는 '여우락(여기 우리음악 樂이 있다) 페스티벌'은 락페 마니아의 특별 여름휴가. 국악과 재즈, 국내와 해외 뮤지션이 만나는 막강 라인업은 유명 록페나 재즈 페스티벌 라인업 못지않다. 국악 장단은 몰라도, 현대음악은 몰라도, 음악의 신세계를 열어준다. 무엇을 상상하든, 매년 그 이상을 보여준다고 했지. 너는 록페만 가니? 나는 여우락페도 간다!

여우락페스티벌(facebook.com/ntokourmusic) 2010년에 시작한 여우락 페스티벌은 해를 거듭하며 거의 전석 매진을 기록하는 등, 유명 락페 못지않은 인기를 누리고 있다. 2014년의 작곡가이자 피아니스트 양방언에 이어, 2015년에는 재즈 보컬리스트 나윤선이 예술 감독을 맡아 파격적인 무대를 선보인다. 매년 7월 약 20일간 공연(평일 오후 8시, 주말 오후 4시부터). 국립극장(지하철 3호선 동대입구역 6번 출구에서 국립극장 셔틀 버스 또는 남산 순환 버스 2 · 5번)에서 만날 수 있으며, 전석 3만 원. 전 공연 패키지 구입 시 할인 혜택이 주어진다.

6 JULY

1년 동안 자기 스스로에게 친절해져라.
– 릭 핸슨 & 리처드 멘디우스 공저, 「붓다 브레인」 중에서

친절 연습

오늘 하루 동안 만나는 사람에게 친절하게 대하고, 자신에게도 친절해지는 연습 해보기. 부드러운 눈빛으로 상대의 눈을 바라보며 진심을 다하여 대화하기. 거울을 볼 때마다 입꼬리를 올리고 웃으며 자신을 바라보기. 의도적으로 친절해지는 연습을 하다 보면 상대도 나도 달라지는 것을 느낀다. 이렇게 일주일만 연습해도 얼굴 표정이 환해진다. 지하철에서 앉아 있는 사람들의 표정을 관찰해보자. 의식하지 않는 순간에도 부드러운 표정이 나오려면 일상 속에서 친절이 몸에 배도록 연습하기.

7 JULY

인스타 커버

인스타그램 프로필 화면으로 만드는 비주얼 다이어리 커버. 이미지 위주로 보여주는 SNS 인스타그램. PC 화면에서 보이는 인스타그램의 내 프로필 첫 화면을 보면, 내가 좋아하는 이미지로 된 예쁜 잡지 커버 같다. 하늘, 노을, 커피, 책, 캠핑, 꽃, 푸들, 공원, 나무……. 나에게 평화를 주고 행복을 주는 커버 이미지를 캡처하여 컬러 잉크로 출력하기. 그리고 날마다 쓰는 노트나 다이어리 맨 앞에 붙이기. 매일 아침 노트를 꺼낼 때마다 행복해지는 느낌.

인스타그램(instagram) 모바일 전용 작은 모바일 화면에 맞게 사진을 올릴 때 긴 설명보다는 짧은 해시태그(#)를 붙인다. 자주 쓰는 해시태그를 모아보면 내가 좋아하는 것들을 발견하게 된다.

8 JULY

혼자 여행을 하니 좋다는 생각이 들었다. 세상에 대한 우리의 반응은 함께 가는 사람에 의해 결정되어 버린다. 우리는 다른 사람의 기대에 맞도록 우리의 호기심을 다듬기 때문이다.
- 알랭 드 보통, 『여행의 기술』 중에서

혼자 여행

시즌에 한 번, 평일에 혼자 여행하기. 『내가 사랑한 유럽』의 작가 정여울은 '떠나고 싶은데, 못 떠나는 사람들을 많이 봤다'며, '여자 혼자 여행할 수 있다는 뜻은 혼자 살 수 있다는 뜻'이라고 말한다. 두려워도 일단 한 번 혼자 떠나보면 여럿이 같이 가는 여행과 다른 편안함을 느낄 수 있다.

김휴림의 여행편지(hyulim.co.kr) 혼자 떠나는 여자들을 위한 여행사. 회사 정책상 동행은 본인 포함 2인만 가능하고, 여자 위주로 예약을 받는다. 여행 당일 탑승해보면 혼자 온 여자들이 많고, 소란을 피우는 사람들이 없어서 조용하게 다녀올 수 있다. 주말에는 서울 걷기 여행도 진행한다.

9 JULY

이 주의 시

매일 아침 화장실에서 시 하나씩 읽기. 화장실 타일 벽에 '이번 주의 시'를 써서 붙여놓으면, 시를 읽을 때마다 기분이 좋아진다. A4 용지를 끼울 수 있는 비닐 폴더를 벽에 붙이고, 일주일에 한 번씩 새로운 시를 쓴 종이로 바꿔 끼운다. 이 계절에 어울리는 시, 지금 내 마음을 잘 노래한 시, 외우고 싶었던 짧은 영시, 인터넷에서 본 좋은 시……. 가족이 돌아가면서 시 당번을 맡아도 좋다.

10 JULY

뜨겁거나 차갑거나, 아포가토

바닐라 맛 아이스크림에 에스프레소를 끼얹어 먹는 아포가토 넉넉하게 즐기기. 뷔페에서 후식으로 나오는 아이스크림을 큰 그릇에 퍼 와서 아메리카노를 끼얹어가며 여럿이 숟갈 들고 먹는 '야매' 아포가토. 집에서도 시도해보자. 냉장고에 넣어둔 컵 아이스크림을 밥그릇에 담고, 커피 원두를 진하게 끓여 아이스크림 위에 끼얹어 달콤 쌉싸래한 아포가토 즐기기.

더 재밌게 먹기 바닐라 맛 미니 컵 아이스크림을 종류별로 사놓고, 아포가토 만들어 맛 비교해보기. 고디바, 하겐다즈, 나뚜루 등을 구입해두면 먹을 때마다 색다른 맛의 아포가토를 즐길 수 있다.

11 JULY

조조 영화

아침 일찍 시작하는 조조 영화 보기.
편의점에서 시원한 캔 맥주 사서 손수건에 둘둘 말아 들고,
아침 땡볕 아래 집까지 걸어오며 맥주 마시기.
스트로를 꽂아 천천히 마시면서 걷다 보면
취기가 슬슬 오른다.
취하면서 아침에 본 영화 되감아 보기.

12 JULY

골목은 시간이 그저 흐르기만 하는 게 아니라는 것을 가르쳐줍니다. 흐르고 또 흐르는 시간은 어딘가에 쌓이기 마련입니다. 나무에 쌓이면 나이테가 되고, 기억에 쌓이면 추억이 되듯. 그렇게 시간은 골목에 쌓이면서 풍경을 만듭니다.
— 송정림, 「감동의 습관」 중에서

유년의 골목길

초등학교에 들어가기 전에 뛰어놀던 골목길 찾아가기. 기억이 아스라한 그 어린 시절의 골목길은 뿌연 먼지와 어스름한 빛에 둘러싸인 흑백사진 같다. 얼굴도 이름도 기억나지 않는 동네 친구들은 다 어디서 살고 있을까. 도시 풍경이 변하여 골목마저 사라져버렸다면 내 유년의 골목을 간직하기 위해 기억을 더듬어가며 그림을 그려보자.

13 JULY

나는 내가 생각하는 것보다 아름답다!
– 도브 리얼 뷰티 캠페인 슬로건

나의 리얼 뷰티

나는 내 아름다움에 몇 점을 주고 있을까? 스스로 진짜 아름답다고 믿고 있나? 2013년 4월에 유튜브에 공개된 도브의 리얼 뷰티 캠페인은 여성들의 고정관념에 도전한 칸 광고제 수상작. 믿기 어렵지만, '전 세계 여성의 4퍼센트만 자신이 아름답다'고 생각한다. 도브는 여성들이 자신의 얼굴을 어떻게 생각하는지 실험해보기로 했다.

실험 방법은 간단하다. 캠페인에 참여할 여성들을 스튜디오로 불러 인물화가에게 두 가지 방법으로 얼굴을 그리게 했다. 첫 번째는 커튼으로 가린 채 내가 내 얼굴 생김새를 설명하면 그 설명대로 그림을 그려준다. 두 번째는 조금 전에 이 건물 로비에서 나를 처음 만난 사람이 내 얼굴 생김새를 설명하면 그 설명대로 그림을 그려준다. 이 두 가지 그림을 비교해보니, 나를 만난 사람의 설명을 듣고 그린 그림이 내 설명을 듣고 그린 그림보다 실제와 닮은 데다 훨씬 예뻤다. 나는 내가 생각하는 것보다 아름답다! 도브는 화제가 된 이 캠페인을 소녀와 젊은 여성의 자존감 높이기 프로젝트(Self-Esteem Project)로 이어가고 있다.

14 JULY

마법의 아침, 모닝 페이지 쓰기

아침에 일어나자마자 잠이 덜 깬 채로 공책을 편다. 매일 공책에 글을 3페이지 쓰는 모닝 페이지 시간. 생각이 떠오르는 대로, 자기 검열 없이 줄줄 써 내려가는 게 포인트. 글을 잘 쓰려고 노력할 필요도, 기승전결 구조를 맞출 필요도 없다. 생각나는 대로 편하게 8주 동안 매일 모닝 페이지를 쓰되 읽어보지 말 것. 내 스스로 닫아두었던 창의성의 마개를 여는 작업이 필요하다. 모닝 페이지를 쓰면서 막혔던 창의성의 문이 서서히 열리는 경험을 하게 된다. 매일 30분에서 50분을 할애해 모닝 페이지를 쓰면, 퍼내도 마르지 않는 창의성의 샘물이 샘솟는 마법에 걸린다.

모닝 페이지 쓰기 『아티스트 웨이』의 저자 줄리아 카메론(juliacameronlive.com)이 제안했다. 영화 〈택시 드라이버〉의 시나리오를 쓰는 등 살나가는 삭가였던 카메론은 마틴 스콜세지 감독과 이혼하고 시나리오를 번번이 거절당하는 등 위기를 만났다. 이 과정에서 카메론은 막혀 있던 창작의 샘물을 다시 흐르게 하기 위해 모닝 페이지를 시작했고, 지난 25년간 사람들과 공유해온 모닝 페이지 노하우를 모아 30여 권의 책을 냈다. 그의 사명은 자신처럼 창조성의 샘물이 막혔다고 느끼는 사람들을 돕는 것이다.

15 JULY

커피스타그램 해보기

주중 제일 바빴던 날. 퇴근 후 좋아하는 카페를 찾아가 혼자 커피를 마시며 하루를 마감한다. 커피를 마시며 인스타그램에 #커피스타그램 #혼자커피 태그를 걸어 사진을 올린다. '좋아요'와 '하트'가 많아지면 기분이 조금 더 좋아진다.

인스타그램이 좋은 이유 페북과 달리 댓글이 없어도, 댓글에 답글을 달지 않아도 부담이 없다. 내가 좋아하는 것들을 찍어 사진첩처럼 보관한다고 생각하면 그만.

16 JULY

꿈을 기록하는 방법에는 옳고 그름이 없다.
삶은 당신이 기록한 대로 펼쳐진다.
- 헨리에트 앤 클라우저, 『종이 위의 기적, 쓰면 이루어진다』 중에서

10분 글쓰기

글쓰기의 '비법'을 알려주겠다는 글을 읽지 말자. 글쓰기 비법을 읽는다고 내 글쓰기 실력이 늘지 않는다. 그 비법은 그 사람이 스스로 터득한 비법. 잘 쓰든, 못 쓰든 내가 내 글을 매일 10분씩 쓰는 편이 낫다. 어떤 주제이든, 혹은 주제 없이 시간이 날 때마다 10분을 채워 글쓰기.

17 JULY

맑은 물

마음의 바닥에 진흙이 가라앉아 있다. 마음을 흔들수록 흙탕물이 된다. 마음을 맑게 하기 위해 진흙을 없애야 할 것으로 문제 삼아서 계속 흔들어댈 필요가 있을까? 바닥에 있는 진흙을 그대로 두고, 맑은 물을 계속 천천히 넣어주면 물은 점점 맑아진다. 어느 정도의 진흙은 정수 기능까지 해준다. 매일매일 좋은 생각을 하며 맑은 물 공급하기.

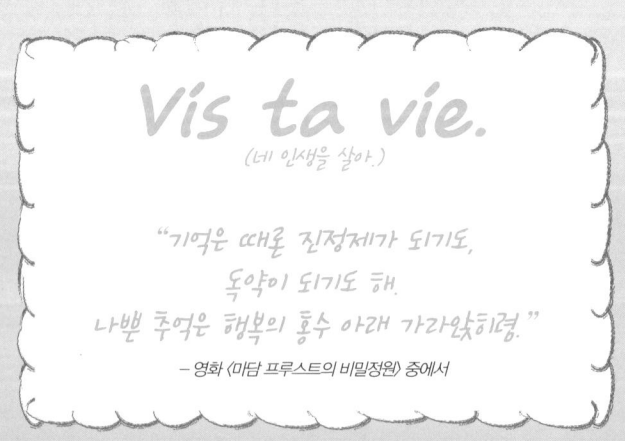

Vis ta vie.
(네 인생을 살아.)

"기억은 때론 진정제가 되기도,
독약이 되기도 해.
나쁜 추억은 행복의 홍수 아래 가라앉히렴."

— 영화 《마담 프루스트의 비밀정원》 중에서

18 JULY

모두 잊고 미드

머릿속이 복잡한 날, 집에서 밤새워 미드나 영드 몰아보기. 생각 없이 보기에는 달콤한 러브 스토리도 괜찮지만, 정치 드라마 〈하우스 오브 카드〉, 판타지물 〈왕좌의 게임〉, 추리물 〈셜록〉 같은 복잡한 스토리를 따라가다 보면 쌓였던 고민을 잊게 된다.

19 JULY

우리는 사실 글을 쓰기 위해서 걷는다고도 할 수 있다. 이야기하고 이미지들을 포착하고 감미로운 환상에 빠져들기 위하여, 추억과 계획을 쌓기 위하여 걷는 것이다.
– 다비드 르 브르통, 「걷기 예찬」 중에서

글 쓰는 여행

도심 속 옛날 풍경이 남아 있는 북촌이나 서촌에서 사진 한 장도 찍지 않고 거닐기. 수첩에 눈으로 본 것을 글로 기록하는 여행을 해보자. 지금은 사라져가는 옛날 간판을 봐도, 감탄할 만큼 아름다운 골목을 봐도 사진은 찍지 말고 맨눈으로만 보는 연습 하기. 사진을 찍기 위해 한쪽 눈을 감았던 풍경 전체가 마음으로 들어온다. 기계에 의존하지 않고 맨눈으로 보고 느끼는 감각을 되찾는 여행.

20 JULY

점프

국제 점프의 날. 2006년 7월 20일 독일 아티스트가 지구 온난화의 위험성을 알리기 위해 다 같이 점프하자고 제안하면서 시작됐다. 이 아티스트는 6억 명이 동시에 점프하자고 제안했는데, 실제로 이뤄지진 않았다고. 실제로 6억 명이 동시에 점프한다고 해도 지구 궤도가 흔들리는 일은 없을 거라고.

이날을 맞아 광장에서 최대한 많은 사람들을 모아서 동시에 높이 점프해 보자. 지구 온난화를 경고하자는 의미로 시작된 국제 점프의 날, 한국에서도 맨발로 뜨거운 아스팔트 위에서 다 같이 높이 뛰는 인증샷을 남겨 보자!

21 JULY

지금부터 20년 후, 너는 네가 한 일보다 하지 않았던 일에 더 실망할 거야. 그러니 돛줄을 던지고, 안전한 항구를 떠나 돛의 무역풍을 잡아라. 탐험하라. 꿈꾸라, 발견하라.
- H. 잭슨 브라운, 『P.S. I Love You』 중에서

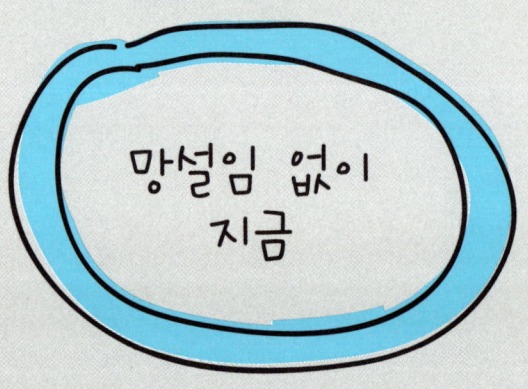

지금 할까 말까 망설이는 그 일, 바로 시작하기. 지금 못 하면, 내년에도 내후년에도 10년 후에도 왜 더 일찍 못 했을까 아쉬워할 거야. 젊어서 후회 없이 사는 사람은 나이 들어서 자신도 남도 탓하지 않아.

22 JULY

자연에서 얻는 풍부함이 내 영감의 원천이다.
– 클로드 모네, art-quotes.com에 인용됨

노을 요트

한여름, 한강의 아름다운 노을을 즐기는 특별한 방법. 하얀 요트에 올라 클로드 모네가 그린 센 강변의 노을 연작처럼 아름다운 서울의 저녁노을에 취해보자. 서울 여의도 국회의사당 근처 한강변에 있는 서울마리나 클럽&요트에서 요트를 대여해 30분~1시간 동안 세일링 즐기기. 크루저 요트(12인승)나 파워 요트(4인승)에는 선장이 동승하여 요트를 운전해준다. 여름날 노을이 지기 시작하는 오후 6~7시경 요트에 올라 시원한 강바람을 느끼며 수채화처럼 하늘과 강물에 번지는 색채의 향연에 취하기.

서울마리나클럽 & 요트(seoul-marina.com) 크루저 요트 12인승 8만 원(1시간), 파워 요트 4인승 12만 원(30분), 딩기 요트 1인승 2만 원(3시간, 서울세일링아카데미 이수자만 대여 가능), 매주 월요일 휴무.

23 JULY

라면은 양은 냄비로 끓여야 한다. 정말 필요한 것은 별로 없다.
– 강익중, 시 「내가 아는 것」 중에서

추억의 양은 냄비

라면은 양은 냄비에 끓여 먹어야 제맛! 막걸리는 찌그러진 양은 잔에 따라 마셔야 제맛! 캠핑 때, 옥상에서, 친구 자취방에서 찌그러진 양은이 주는 낭만을 누려보자. 때와 장소에 잘 맞는 도구를 준비하는 센스!

24 JULY

이미지는 재창조되었거나 재생산된 시각이다. ……
한 장의 사진을 볼 때 우리는 막연하게나마 그 사진이 사진을 찍은 사람의 무한히 많은 시각들 가운데서 특별히 선택된 것이라는 사실을 의식하게 된다.
– 존 버거, 「다른 방식으로 보기」 중에서

톱 뷰

위에서 내려다보며 찍기. 위에서 내려다본 커피 잔과 펼쳐둔 책, 가지런히 모은 캔버스화 앞코, 책상 위에 늘어놓은 연필과 종이, 식탁 위의 그릇들……. 어느 것이든 위에서 내려다보는 각도(톱 뷰)로 사진을 찍어보자. 보는 위치만 바꿨을 뿐인데도, 일상이 다르게 보인다.

25 JULY

순환선 타고 한 바퀴

짧은 여행을 하듯 서울에서 지하철 2호선 타고 한 바퀴 돌기. 순환선을 다 돌고 오면, 평균 1시간 27분에서 1시간 30분 걸린다. 90분 동안 읽을 수 있는 얇은 책 읽기, 역마다 타고 내리는 사람들 구경하기, 지하철의 손잡이·의자·광고판·창가 스케치하기, 한강을 건너며 바깥 풍경 내다보기, 지상을 지날 때 옆 동네 구경하기 등. 처음에 출발했던 역으로 돌아오면서, 먼 여행을 떠났다가 집으로 돌아올 때와 비슷한 느낌이 든다. 이동을 목적으로 지하철을 탈 때와는 달리 여행자의 시선으로 2호선을 타보면 여행의 처음과 끝, 인생과 처음과 끝을 생각해보게 된다.

26 JULY

도시 캠핑

멀리 자연 휴양림 캠핑장까지 갈 필요 없이, 한여름 한강변에서 약식으로 캠핑하기. 그늘막, 접이식 의자와 테이블을 준비하고, 여름밤 캠핑을 로맨틱하게 해주는 조명도 빼놓을 수 없다. 캠핑용 램프를 준비하거나, 스마트폰의 조명 앱을 켜서 소주병 위에 올리면 녹색 등, 붉은색 와인병 위에 올리면 붉은 등이 된다. 취사를 할 수 없으니까, 피크닉 음식을 간단히 준비해 가거나 현지에서 배달 치맥으로 해결.

미니 캠핑 하기 좋은 한강시민공원 여의도한강공원(지하철 5호선 여의나루 2·3번 출구), 잠실한강공원(지하철 2호선 잠실나루역 3·4번 출구), 한강사업본부 홈페이지(hangang.seoul.go.kr)에서 12개 한강공원 나들이 지도를 내려받을 수 있다. 스마트폰 앱(한강공원)에서도 한강공원의 위치, 시설 지도, 행사 정보 등 제공.

27 JULY

비주얼 싱킹 놀이

'사람은 누구나 창조적이다!' 사람들에게 봉인돼 있는 '창조적 자신감'을 발굴해주는 것이 인생의 사명인 캘리 형제. 그들의 책 『유쾌한 크리에이티브』 7장을 펴고 내 안의 창조성을 발견하는 그림 그리기, 즉 비주얼 싱킹을 실습해보자.

❶ A4 용지에 비슷한 크기의 동그라미 30개를 그린다. 한 줄에 동그라미 다섯 개씩 여섯 줄을 그리면 된다(또는 동그라미 모양을 인쇄하여 준비하기).

❷ 3분 동안 30개의 원에 각각 다른 사물을 그려본다. 시계, 농구공, 사람 얼굴 등.

❸ 주어진 시간 안에 몇 개를 그렸는지, 얼마나 다양하게 그렸는지 알아보기. 능숙도(아이디어를 내는 속도와 양)와 유연도(각 아이디어의 독창성)의 균형을 가늠해볼 수 있다.

28 JULY

나체가 되는 것은 옷과 관련된 모든 사회적인 것을 버린다는 뜻이다.
좋은 옷과 장신구에 내포된 사회적, 경제적 지위와 함께 자존심과 자기애도 버린다. ……
나를 규정하는 것을 모두 버린다면 과연 나는 누구인가?
– 대사제 위카, 자연주의 리조트에서 나체가 되는 기쁨을 알게된 심리학자 필립스 카곰의
『나체의 역사』에 인용됨

지금을 기록하는 누드 사진

누드 사진 찍기. 현재의 아름다운 내 몸을 기록으로 남겨둘 수 있다. 누드 사진을 통해 나를 좀 더 잘 알게 될 수도 있다. 아름다운 시절의 사진을 간직하는 것도, 촬영을 앞두고 내 몸에 관심을 갖고 가꾸는 과정도 즐겁다.

세미누드 사진 전신 누드가 부담스럽다면 사진 스튜디오에 준비된 촬영용 의상과 소품을 활용한 세미누드 촬영도 가능하다. 촬영비, 의상비, 메이크업비를 따로 받으며, 개인 소장용은 10만 원대부터 촬영 가능. 웹에서 '누드 사진 촬영' 검색해보기.

29 JULY

해 뜰 때까지 심야 영화

한여름 밤에 심야 영화 세 편 연달아 보기.
심야 영화 상영관을 잘 고르면
평소 보고 싶었던 예술영화 세 편이나, 놓칠 수 없는
올해의 히트작 세 편을 한 번에 감상할 수 있다.
밤 11~12시 영화관에 들어가서 4~5시경
밖에 나와 새벽 별 보는 재미도 있다.
24시간 카페나 야식집에 들렀다가
해 뜨면 집에 가기.

여름밤의 심야 영화 이벤트 여름이면 늦은 밤부터 다음 날 새벽까지 영화 세 편을 연달아 상영하는 이벤트가 열린다. 영화관별로 6~8월에 심야 영화 이벤트를 진행하며, 심야 영화 3편과 야식 패키지를 할인 가격에 구입할 수 있다.

30 JULY

좋은 기억의 초상화

좋아하는 사람들을 떠올리며 한 사람 한 사람의 초상화 그리기. 스마트폰으로 찍은 사진을 보고 그리기 시작. 그 사람의 초상화를 그리다 보면 좋은 추억이 떠오른다. 밤새 수다 떨던 기억, 발이 아프도록 돌아다니던 기억……. 그림 실력이 된다면 초상화들을 모아 발표회를 열어보자. 액자에 하나씩 넣어주고 초상화 그릴 때 좋았던 기억을 나누는 시간. 사람과 사람 사이의 좋은 기억은 좋은 현재를 만든다.

10초 초상화 화가 장재민은 홍대 벼룩시장에서 10초 안에 초상화를 그려주고 10원을 받았다. 2014년에는 10초 초상화 10주년 전시회도 열었다.

31 JULY

아, 진짜 안락함이라면 집에 머무르는 것보다 좋은 건 없다.
- 제인 오스틴, 『엠마』 중에서

스테이케이션

사람들이 모두 휴가를 떠나는 이때, 반대로 집에서 머무르며 여유 있는 시간 즐기기. 휴가를 떠난 것처럼 집안일에서 해방되어, 모든 끼니를 이국적인 배달 음식으로 해결하기. 찬물에 발 담그고, 만화 전집 〈미생〉(총 9권)이나 〈박시백의 조선왕조실록〉(총 20권) 완독에 도전하기. 스마트폰 끄고, 뉴스 안 보기. 밤에는 거실에 텐트 치고 캠핑 의자 펴놓고, 랜턴 조명으로 캠핑 분위기 내며 영화 보기. 캔들 켜놓고 와인 즐기기……. 머무르는 휴가에 알맞은 배경음악은 필수. 아무것도 안 하고 더위만 피해도 그만인 한여름 밤의 달콤한 휴가.

스테이케이션(stay+vacation) 집에 머무르면서 집에서 즐길 수 있는 걸 최대한 누리는 휴가. 집에 있으면서 세상과의 모든 접속을 차단하고 휴가 간 것처럼 위장하는 스케이케이션족들도 있다.

젊은 화가로서 나는 매일매일 더 아름다운 것들을 발견한다.
발견한 아름다움들이 나를 미치게 한다.
나는 모든 걸 하고 싶다. 내 머리는 그 생각으로 터질 것 같다.

– 클로드 모네, art-quotes.com에 인용됨

August

1 AUGUST

레디 고~ 록페!

록페의 계절이 왔다. 국내외 록 스타들의 어마무시한 라인업! 말이 필요 없는 록 페스티벌. 아무리 바빠도 한 번은 꼭 가봐야 1년 묵은 스트레스가 풀린다. 광란의 파티에서 올해도 목이 쉬도록 소리 지르자!

대표적인 록 페스티벌 슈퍼소닉페스티벌(8월, 서울, supersonickorea.co.kr), 현대카드 슈퍼콘서트 시티브레이크(8월, 서울, citybreak.superseries.kr), 펜타포트록페스티벌(8월, 인천, 캠핑 가능, pentaportrock.com), 부산국제록페스티벌(8월, 부산, rockfestival.co.kr), 그랜드민트페스티벌(10월, 서울, mintpaper.co.kr). 티켓 예매는 페스티벌 일주일~3개월 전부터 가능하다.

2 AUGUST

한여름의 겨울 나그네

한여름에 듣는 슈베르트의 〈겨울 나그네〉. 아스팔트가 녹을 것처럼 뜨거운 한여름에 계절을 거슬러 슈베르트의 가곡 〈겨울 나그네〉 전곡(24곡)을 들어보자. '꽃다발 가득히 사랑한다고 고백한 오월의 소녀는 떠나고, 눈 속에서 찾아 헤맸네. 그녀가 머물던 흔적을 ······ ' 떠올리며 방황하는 겨울 나그네의 여정을 따라가다 보면 무더위에도 서늘한 기운이 느껴진다. 매년 여름, 음반을 꺼내 들을 때마다 겨울 나그네는 다른 모습으로 문 앞에 서 있다.

〈겨울 나그네〉 프란츠 슈베르트의 〈겨울 나그네〉는 시인 빌헬름 뮐러의 시에 붙인 연가곡이다. 청년의 나이에 이미 머리가 하얗게 세고 지팡이를 짚고 다니는 노인이 되어버린 겨울 나그네는 슈베르트 자신을 은유한 듯하나. 뮐러보다 세 살 어린 슈베르트는 뮐러의 시 「겨울 나그네」를 읽고 첫눈에 반해 곡을 붙였다. 두 사람은 같은 시대를 살았고, 30대 초에 세상을 떠난 점도 비슷하다. 〈겨울 나그네〉 음반은 디트리히 피셔 디스카우, 마티아스 괴르네 등 굵은 바리톤이 부르는 버전이 유명한데, 테너 이안 보스트리지, 마크 패드모어의 고운 미성으로 들어보자. 바리톤이 장년의 겨울 나그네라면, 테너는 실연의 상처로 갑자기 늙어버린 청년의 겨울 나그네가 연상된다.

3 AUGUST

어떤 도시를 걸어 다니면서 자신의 숨은 모습을 발견하는 또 하나의 방식은 초현실주의자들처럼 표류하듯 그 도시의 골목들을 이리저리 흘러 다녀 보는 일이다.
- 다비드 르 브르통, 『걷기 예찬』 중에서

텅 빈 도심 즐기기

여름휴가 성수기, 다들 휴가를 떠나 텅 빈 도심에서 혼자 잉여롭게 놀기. 도심에 있는 예술영화 전용관에서 조조 영화 보고, 늦은 아침 먹고, 서점도 둘러보기. 또는 오피스 빌딩이 밀집돼 있는 곳을 찾아서 직장인들이 빠져나간 한산한 거리를 어슬렁거리기. 1년 중 꼭 이때 진공 상태처럼 빈 도심을 천천히 걸어 다니는 게 포인트.

4 AUGUST

1년에 한 번은 아티스트 펀딩

재미와 의미 두 마리 토끼~ 크라우드 펀딩 참여해보기. 국내 크라우드 펀딩 사이트 '텀블벅'에는 젊은 아티스트의 기발한 프로젝트가 많다. 탄자니아 아이들에게 종이 책 보내기, 주머니를 이어 붙여 토트백을 배낭으로 변신시키는 패션 백 프로젝트, 네팔 여행 일러스트 북 출판 밀어주기……. 1만 원이든 10만 원이든 내가 밀어주고 싶은 만큼 밀어주기. 크라우드 펀딩의 매력은 후원자에게 정성 가득한 선물을 준다는 것. 모금이 성공하면 열매를 모금자에게 맨 먼저 나눈다. 책 제작비를 지원하면 작가 사인이 들어간 책을 선물받고, 영화 제작비를 지원하면 엔딩 크레디트에 내 이름이 올라간다. 벌꿀주 양조장을 후원하면 하우스 파티 초대권을 주고, 인디밴드 음반 제작비를 조금 많이 밀어주면 축가 서비스도 딸려 온다.

크라운드 펀딩 예술가나 사업가가 프로젝트를 공개하고 투자를 받는 방식. 소셜 미디어를 통해 펀딩을 많이 받기 때문에 소셜 펀딩이라고도 부른다. 국내는 텀블벅, 유캔펀딩, 해외는 킥 스타터, 인디고고가 유명하다.

5 AUGUST

더 생산적이고, 깊은 영감을 느끼며, 즐거운 삶을 살 수 있는 방법은
충분한 수면을 취하는 것이다.
– 아리아나 허핑턴, 테드 강연 〈성공하는 방법? 수면을 더 취하세요〉 중에서

게으른 여름잠

위키백과에 따르면 달팽이는 '여름에 비가 오지 않을 때 껍데기의 뚜껑을 닫고 여름잠'에 들어간다. 달팽이, 악어, 거북, 개구리, 사막에 사는 뜀쥐, 무당벌레도 여름잠을 잔다. 한여름 땡볕에 나가고 싶지 않은오늘, 활동을 멈추고 달팽이처럼, 악어처럼 게으르게 여름잠을 자자.

6 AUGUST

꿈 기록장

꿈을 기록하기. 밤새 꿈을 꾼 것 같은데, 아침에 일어나서 움직이다 보면 대부분을 잊어버린다. 밤사이 터무니없는 꿈을 꾸었더라도, 눈을 뜨자마자 꿈 기록장에 써보자. 비슷한 꿈을 여러 번 꾸는 건, 현실에선 털어버렸는데도 아직 내 무의식에서 집착하고 있다는 증거일 수도. 꿈 내용에 매달릴 필요는 없지만, 꿈을 기록해보면 일정한 패턴이 있다. 현실에선 벗어났지만, 꿈엔 아직 남아 있는 부정적 패턴을 벗어날 긍정적 메시지 찾기.

꿈 기록법 4단계(고혜경 『나의 꿈 사용법』 참고) ① 기억나는 꿈의 내용을 자세히 기록한다. ② 현재형으로 기록한다. ③ 글이나 그림 중 편한 방식으로 기록한다. ④ 꿈에 제목을 단다.

7 AUGUST

나는 깊은 즐거움에 취했어요. 그러니까 오늘 밤엔 더 이상 와인을 맛보지 않겠어요.
— 퍼시 비시 셸리, 시극 『첸치 일가』 중에서

아는 것 < 좋아하는 것 < 즐기는 것

아는 것은 좋아하느니만 못하고, 좋아하는 것은 즐기느니만 못하다. 아는 것과 좋아하는 것과 즐기는 것을 나눠볼까. 내가 아는 것? 별로 없다. 안다고 생각했던 것도 잘 모르고 있다. 내가 좋아하는 것은 하늘, 구름, 걷기, 웃음, 기쁨, 순간, 여행, 나무, 강아지의 까만 눈망울……. 너무 많아서 셀 수 없다. 내가 즐기는 것은 하늘 올려다보기, 비행기에서 구름 내려다보기, 잔디밭에서 맨발로 걷기, 무슨 걱정했는지 걷다 보면 잊어버리는 순간, 괜찮은 무료 영화, 적당히 취하기, 수다 떨기, 바람 솔솔 나무 그늘에서 책 읽다가 스르르 잠들기……. 잘 알지 못해도 행복할 수 있다. 아는 것보다 좋아하는 것이 많을수록, 좋아하는 것보다 즐기는 것이 많을수록 행복해진다.

8 AUGUST

내 인생에서 잊히지 않는 장소가 있어.
어떤 곳은 변하고 어떤 곳은 영원하고
어떤 곳은 사라지고 어떤 곳은 남아도
이 모든 장소는 그들만의 순간을 지니고 있네.
– 비틀스, 〈인 마이 라이프〉 노랫말 중에서

애비 로드 놀이

아스팔트가 뜨거워지는 한여름, 동네 횡단보도에서 애비 로드 놀이를 해보기. 비틀스의 마지막 스튜디오 녹음 앨범인 〈애비 로드〉의 재킷 사진은 1969년 8월 8일 아침 11시 반쯤 런던의 스튜디오 앞 횡단보도에서 찍혔다. 지나가는 차와 사람의 통행을 막고 10분 만에 찍은 사진 속에는 존 레넌이 앞장서고 링고 스타, 폴 매카트니, 조지 해리슨이 뒤따라 건너는 모습이 담겼다. 지금도 이 횡단보도를 찾아 네 명이 줄지어 건너는 게 런던 여행자들의 위시 리스트. 런던까지 갈 거 없이 가까운 횡단보도를 찾아가 비슷한 장면을 연출해보자. 넷 중에서 하나는 폴처럼 맨발로 뜨거운 아스팔트 위를 걸어갈 것.

〈애비 로드〉 패러디와 웹캠 재킷 이미지는 여러 앨범, 영화, 드라마, 만화, 뮤직비디오 등에 패러디물로 등장한다. 인기 팟캐스트 〈지대넓얕(지적인 대화를 위한 넓고 얕은 지식)〉의 출연자 4명도 이 커버를 패러디한 그림을 팟캐스트 초기 아이콘으로 썼다. 애비 로드 스튜디오 사이트(abbeyroad.com/crossing)에서는 런던의 애비 로드 횡단보도를 건너는 사람들을 24시간 생중계하고 있다.

9 AUGUST

비포 시리즈

영화 비포 시리즈 몰아 보기. 〈비포 선라이즈〉(1995), 〈비포 선셋〉(2004), 〈비포 미드나잇〉(2013) 세 편을 연달아 감상해본다. 총 상영 시간 288분(4시간 8분)에 중간 휴식까지 5시간쯤 걸리는 대장정이니, 배고픔을 해결할 간식 미리미리 챙겨놓기. 〈비포 선라이즈〉의 풋풋한 20대 때부터 〈비포 미드나잇〉의 40대가 되기까지 셀린느와 제시의 변화를 주시해보자. 27년 사이에 에단 호크보다 더 나이 들어 보이는 여주인공 줄리 델피를 보면 가슴이 서늘하지만, 여전히 당당한 그녀를 응원하고 싶어진다. 감독과 남녀 주인공이 자신들의 경험을 담아 시나리오를 함께 쓰는, '사적인 영화' 비포 시리즈. 네 번째 스토리는 어떻게 이어질까?

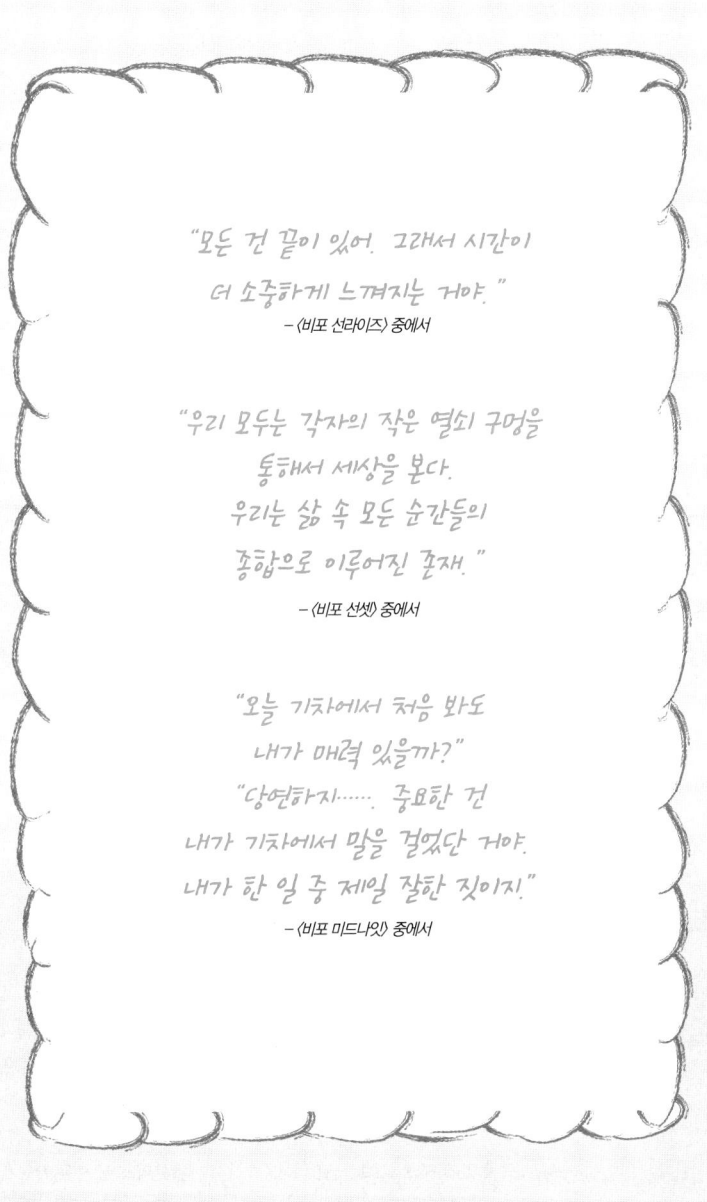

"모든 건 끝이 있어. 그래서 시간이
더 소중하게 느껴지는 거야."
- 〈비포 선라이즈〉 중에서

"우리 모두는 각자의 작은 열쇠 구멍을
통해서 세상을 본다.
우리는 삶 속 모든 순간들의
종합으로 이루어진 존재."
- 〈비포 선셋〉 중에서

"오늘 기차에서 처음 봐도
내가 매력 있을까?"
"당연하지…… 중요한 건
내가 기차에서 말을 걸었단 거야.
내가 한 일 중 제일 잘한 짓이지."
- 〈비포 미드나잇〉 중에서

10 AUGUST

우리는 바람에서 와서 바람으로 돌아갈 걸 알아요. 아마도 모든 삶이 영원한 부드러움에 매듭과 엉킴과 오점이 있다는 걸 알아요. 그렇다고 왜 이게 우리를 불행하게 해야 하죠? 서로 사랑하고, 움직이고, 향유해요. 나는 이 세계의 슬픔을 믿지 않아요.
– E. M. 포스터, 『전망 좋은 방』 중에서

창가의 내 자리

창가에 혼자 앉아 있기 좋은 내 자리 정하기. 시내 카페도 좋고, 전시장도 좋고, 전망 좋은 창가에서 차 한잔하기 좋은 내 자리를 찜해놓자. 서울 서초동 예술의 전당 콘서트홀 로비에 있는 카페의 창가 자리는 비 오는 날 앉아 있으면 세상에 나 혼자 있는 것 같다. 공연을 보러 가지 않더라도 들러서 혼자 시간 보내기 좋은 창가.

예술의 전당 서초구 남부순환로 2364 (지하철 3호선 남부터미널역 1번 출구에서 마을버스 이용)에 위치.

11 AUGUST

건강한 가난과 소박함을 잘 가꾸어서 동전 하나 발견하는 일에 그날 하루의 즐거움을 만끽할 수 있다면, 당신은 그 소박함으로 진정한 삶의 하루하루를 얻는 셈이다. 왜냐하면 세상에는 발견할 동전들이 많이 뿌려져 있기 때문이다.
– 애니 딜라드, 『자연의 지혜』 중에서

동전 발견하기

베토벤의 경쾌한 피아노곡 〈카프리치오풍의 론도〉에는 '잃어버린 동전에 대한 분노'라는 부제가 붙어 있다. 베토벤은 얼마짜리 동전을 잃어버리고 이 곡을 작곡했을까? 길에서 누군가 잃어버린 동전을 주워보자. 걸어 다니면서 잘 찾아보면 10원짜리 동전을 발견할 수 있다. 놀이터의 그네나 미끄럼틀, 학교 운동장의 철봉 주변, 음료 자판기의 동전 반환구를 잘 보면 100원짜리, 500원짜리도 있다. '행운을 부르는 동전 통'을 만들어 길에서 주운 동전을 넣어보자. 생각보다 행운이 많이 모인다.

12 AUGUST

반가운 여름비처럼, 유머는 갑자기 땅과 공기와 당신을 씻어줄 것이다.
– 랭스턴 휴즈, 『랭스턴 휴즈 전집』 중에서

여름비 같은 유머

보기만 해도 웃음이 터져 나왔던 사진이나 그림 한 장. 스마트폰에 캡처해뒀는데, 오늘 보니 왜 안 웃길까? 유머도 계속 쓰면 늙는다! 오늘 웃을 수 있는 신선한 유머 소재 찾기.

13 AUGUST

난 평생 결정적 순간을 카메라로 포착하길 바랐다. 하지만 인생의 모든 순간이 결정적 순간이었다.
– 앙리 카르티에 브레송, '영원한 풍경' 사진전에서

새로운 세상, 반영 사진

유리창에 비친 얼굴, 길바닥에 고인 빗물에 비친 나무, 호수에 비친 구름……. 어딘가 투명한 표면에 비친 모습을 찍어보자. 이미지 두 개가 나란히 있는 '반영(reflection)' 사진을 보면 내가 살고 있는 세상과 또 다른 세상인 평행 우주가 있을지도 모른다는 생각이 든다. 사진 스톡 사이트 셔터 스톡은 반영 사진을 트렌드 키워드로 선정하기도 했다.

14 AUGUST

마음에 쏙 드는 카페를 점찍어 운명을 같이한다면 그 카페를 '소유'한 거나 같다.
— 노엘 라일리 피치, 『파리 카페』 중에서

유럽의 카페에서 가장 중요한 것도 바로 이점이다. 전혀 죄책감 없이 아주 오랫동안 빈둥거리는 것. 위대한 철학자들이 대부분 유럽 출신인 것도 무리가 아니다. 그들은 카페에서 시간을 보내며 생각이 마음대로 떠돌아다니게 내버려두었다.
— 에릭 와이너, 『행복의 지도』 중에서

슬리퍼 끌고, 동네 카페

언제라도 슬리퍼 끌고 편하게 들를 수 있는
동네 카페 만들기.
영화 〈카페〉의 작가처럼 그 자리에 늘 앉아
'전문 관찰자'가 되어 사람들의 일상을 관찰하기.
대형 프랜차이즈 카페와 달리,
직접 카페를 운영하는 주인과
친구가 될 수 있는 게 동네 카페의 매력이다.

15 AUGUST

*지금 그 사람 이름은 잊었지만,
그 눈동자 입술은 내 가슴에 있네.*
– 시인 박인환의 망우리공원 묘비명

묘지 산책

유명인들의 묘지 기행. 건축가 승효상의 『오래된 것들은 다, 아름답다』를 읽으면 묘지 순례에 끌리게 된다. 승효상은 선배 건축가 정기용과 함께 유럽의 묘지를 돌아보는 여행을 한다. 저자는 묘지에서 '위대한 침묵'을 만난다고 했다. 심리학자 지그문트 프로이트와 자본론의 저자 칼 마르크스가 묻혀 있는 런던 하이게이트 묘지, 동성애 혐의로 런던에서 쫓겨나 파리에서 생을 마친 작가 오스카 와일드의 묘지가 있는 페르 라세즈는 세계적인 관광 명소다.

시인 박인환과 한용운, 화가 이인성과 이중섭, '어린이'란 말을 맨 처음 쓴 방정환, 독립운동가와 언론인 등 유명인들이 묻혀 있는 망우리공원. 서울시는 망우리공동묘지라는 호러 이미지를 씻어내고, 공원 둘레 4.7킬로미터를 잘 단장해 '사잇길'이라는 산책로를 만들었다. '망우리 뮤지엄'이란 어플을 장착하면 산책로를 따라 묻혀 있는 유명인이 누구인지 어떤 삶을 살았는지 스토리를 알 수 있다.

망우리공원 7호선 상봉역이나 중앙선 망우역에서 경기도 구리시 방향 버스 5번째 정류장인 남양주유소(또는 딸기원 입구) 하차. 한국내셔널트러스트는 '이곳만은 꼭 지키자!' 시민 공모전에서 망우리공원을 '꼭 지켜야 할 자연문화유산'으로 선정했다.

16 AUGUST

해먹에서 하루 보내기

집에 해먹만 설치하면 상상 속 휴양지로 공간 이동! '우리 집은 발리나 괌 같은 바닷가 휴양지, 나는 야자수 그늘 아래 매달려 있는 해먹에 누워 지나가는 구름을 바라보고 있다'는 상상을 한다. 휴양지나 캠핑장에서만 해먹을 매달라는 법은 없다. 집에 컬러풀한 해먹 매달아놓고, 상상 속 휴양지에서 놀기. 해먹에 폭 싸여 흔들거리고 있으면, 아기 때 흔들침대에 누워 있던 느낌이 이랬을 것 같다.

해먹 구입 및 설치 수입산 싱글 사이즈 해먹은 2만 원대부터, 못 박을 필요 없는 스탠드형은 4만 원대부터. 실내에 해먹을 걸려면 콘크리트 양쪽 벽면에 앵커(고리)를 단단하게 박고, 밧줄(암벽등반용)을 이용해서 해먹을 고리에 건다. 앵커와 밧줄이 단단해야 사람 몸무게의 몇 배를 견딜 만큼 안전하게 설치(lasiesta.com/ko/kr-hammock-mounting1)할 수 있다. **해먹 카페 낮잠(nazzzam.com)** 카페에 걸려 있는 1인용 해먹 14개 중 하나를 골라, 캠핑을 온 듯 편하게 잠을 잘 수 있는 공간. 평일 09~19시, 주말 13~19시 오픈한다. 매주 월요일 휴무. 종로구 북촌로4길 27(지하철 안국역 3번 출구)에 위치.

17 AUGUST

백 년의 여름이 지나면! 모든 새로운 눈들,
새로운 마음들, 새로운 방식들,
새로운 바보들, 새로운 현자,
눈물 흘릴 새로운 비애들, 소중히 할 새로운 기쁨들.
― 토머스 하디, 「1967」 중에서

100년 후 나에게

100년 후 나에게 편지 쓰기. 『테스』의 작가 토머스 하디는 시인이기도 했다. 그는 1867년 런던의 집에서 100년 후인 1967년의 자신에게 부치는 편지와 같은 시 「1967」을 썼다. 편지의 수신인인 나는 이미 세상에 없을 텐데, 무슨 말을 써야 할까? 1년 후, 10년 후의 나에게 보내는 편지에는 하고 싶은 일, 되고 싶은 꿈을 많이 적는다면, 100년 후에는 어떤 사람으로 기억되고 싶은지를 쓸 것 같다.

18 AUGUST

"자꾸 돌아봐져요. 그리고 자꾸 후회가 돼요. 한 번도 남들과 같은 일상을 살아보지 못해서. 소소한 아침과 저녁을 누군가와 함께 나누고 어떤 사람이 기다리는 집으로 돌아오고 한 사람을 좋아하는 진심을 표현해보고 그런 것. 100년도 못 사는 인간들은 다들 하고 사는, 그래서 사소하다고 비웃었던 그런 것들. 그 작고 따뜻하고 아름다운 일상의 모든 것들이 이제 와 하고 싶어졌습니다. 저 어떻게 하죠?"
– 도민준의 독백, 드라마 〈별에서 온 그대〉 중에서

1억 6,909만 개의 소소한 일상

지금 인스타그램에서 #instadaily를 검색해보면, 1억 6,909만 3,089개의 일상 사진들이 있다. #일상에는 691만 257개가 올라와 있다. 집에서, 길에서, 카페에서, 여행지에서, 혼자 또는 여럿이 웃으며 일상을 즐기고 있다. 사소하고 하찮아 보이지만, 일상을 기록할 때는 다들 즐거운 순간이다. 내 일상도 1억 6,909만 3,090번째 또는 691만 258번째 즐거움으로 기억될 수 있다. 소소한 순간이 모여서 채워지는 나의 하루하루가 소중하다.

19 AUGUST

"우리는 아이들이 가상의 친구를 만들어 사귄다고 해서 놀라지 않는다. 어른들이 그런다고 놀랄 이유가 있을까?
– 줄리언 반스, 「사랑은 그렇게 끝나지 않는다」 중에서

가상의 친구

가상의 친구 만들기. 책이나 영화에서 봤던 캐릭터 중에 내 친구였으면 하는 친구는 누구일까? 느낌이 정말 따뜻해서, 읽고 나면 가슴에 꽃이 피어나는 것 같은 만화 『나츠메 우인장』. 주인공 나츠메처럼 '어릴 적부터 이따금 이상한 것을 보곤 했다. 다른 사람에게는 보이지 않는 그것들은 아마도, 요괴라 불리는 괴물'을 보는 초능력을 가진 친구가 있었으면 좋겠다. 내가 못 보는 세계를 보고 요괴들에게 이름을 돌려주는 나츠메랑 친구가 되어 내가 모르는 이야기를 들어보고 싶다.

20 AUGUST

분수대 놀이터

한여름 땡볕 아래 분수대에서 쏟아지는 물줄기를 맞으며 노는 아이들 틈에 슬쩍 끼어보자. 흠뻑 젖은 채 까르르 웃는 아이들처럼 철없이 물줄기 속을 뛰어다닐 수 있다! 티셔츠와 반바지 한 벌 준비해서 수영장 가듯 분수대 놀이터 가기.

21 AUGUST

여름의 냄새, 내가 사랑했던 동네, 어떤 저녁 하늘, 마리의 웃음과 원피스들…….
– 알베르 카뮈, 『이방인』 중에서

여름밤의 야외 수영장

도시의 야외 수영장에서 폐장할 때까지 놀기. 맑은 날이면 하늘에 별이 하나둘씩 뜨는 걸 보며 물 위에 가만히 떠 있고 싶다. 배영을 할 줄 알면 좋고, 못하면 커다란 튜브에 누워 서서히 어두워지는 하늘 올려다보기. 내년 여름을 기약하고 문을 닫게 될 야외 수영장에서 마지막 여름날 저녁을 기억하기.

22 AUGUST

그러나 종묘 정전의 본질은 정전 자체의 시각적 아름다움에 있지 않다. 바로 정전 앞의 비운 공간이 주는 비물질의 아름다움에 있다. 굳이 비교하자면 가없이 넓은 사막의 고요나 천지창조 이전의 침묵과 비교해야 한다. 그렇다. 가로세로 109미터, 69미터의 월대라고 불리는 이 공간은 비움 그 자체이며 절대적 공간이다.
– 승효상, 「오래된 것들은 다, 아름답다」 중에서

비 오는 날 종묘의 처마

비가 쏟아지는 주말엔 자유 관람이 가능한 종묘 내 처마 아래로 달려가기. 보온병에 담긴 따끈한 정종은 나만의 비밀.

종묘 관람(jm.cha.go.kr) 개인의 자유 관람일은 매주 토요일 및 매월 마지막 주 수요일. 평일에는 시간대별로 문화 해설사를 따라가는 일반 관람만 가능하다. 매주 화요일 휴무. 지하철 1·3·5호선 종로 3가역.

23 AUGUST

올가을 신상 아이쇼핑

가을 분위기로 바뀐 백화점에서 신상 구경하기. 아침에 커피 한잔부터 시작해서 백화점의 층층을 천천히 돌아다니며 올가을 트렌드를 알아보자. 좋아하는 브랜드의 가을 신상, 아이쇼핑만 해도 즐겁다.

24 AUGUST

8월의 크리스마스

너무 덥다.
A4 용지 몇 장으로
하얀 크리스마스트리 만들어
늦더위 식히기.
하얀색 트리 장식에 눈이 시원해진다.

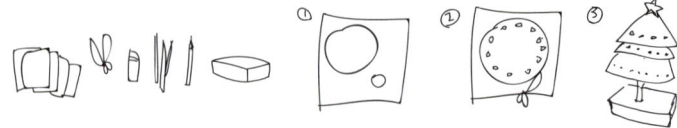

하얀 트리 만들기 준비물 A4 용지 5장, 가위, 풀, 나무 꼬치(어묵 꼬치처럼 길고 끝이 뾰족한 것) 3~4개, 연필 2개, 컴퍼스, 스티로폼 **만들기** ① A4 용지 가운데에 컴퍼스와 연필을 이용해 원을 그린다. 큰 원, 작은 원 섞어 그리기. ② 원을 가위로 오린다. 펀치로 원의 가장자리 부분에 구멍을 뚫는다. ③ 나무 꼬치에 트리 모양으로 2를 층층이 돌려 붙인 후 스티로폼 위에 꽂는다.

25 AUGUST

놓칠 수 없는 EBS 다큐영화제

매년 8월 25일부터 31일까지 열리는 EBS 국제다큐영화제(eidf.org/kr). 올해도 놓칠 수 없다! 일주일 내내 국내외 다큐멘터리 필름을 틀어주는 다큐영화제는 2004년 시작된 이래, 매년 새로운 주제로 수준 높은 다큐멘터리를 무료로 선물해주고 있다. 집에서 텔레비전으로 시청하거나, 특별 상영관을 찾아 세상을 보는 다른 시선 만나기. 국내 최초 개봉작이 많고, 일주일이 지나면 구하기 어려우므로 꼭 챙겨보자. 다큐영화제를 즐긴 만큼 내 시선도 조금 더 새로워진다.

26 AUGUST

처음 지어 먹는 햅쌀밥

올해 수확한 쌀로 밥 지어 먹기. 이르면 8월부터 논에서 수확한 햅쌀이 나온다(비닐하우스에서 수확한 햅쌀은 7월 초에 시중에 나오기도). 슈퍼에서 햅쌀을 구입하여 고슬고슬 뜨거운 밥 지어 먹기. 밥맛만 좋아져도 집밥이 든든하다. 첫 햅쌀밥 지어 먹은 오늘이 우리 집 추수감사절!

27 AUGUST

북스타그램 해보기

인테리어와 소품이 예쁜 북카페에서 책 한 권 다 읽고 #북스타그램 해보기. 좋아하는 책을 가지고 가서 읽은 다음 책과 어느덧 비워진 찻잔을 스타일링해 인스타그램에 #북스타그램 또는 #책스타그램 태그를 걸어 올려본다. 책 속의 좋은 글 한 줄도 더해서, 잡지 화보처럼 예쁜 컷을 연출해볼 수 있다.

북스타그램 인스타그램 유저 중 'Trinbooks'는 책과 소품을 스타일링하는 감각이 좋아서 미리 커닝할 만하다. 밀란 쿤데라의 『참을 수 없는 존재의 가벼움』은 구겨진 하얀 침대 시트 위에 와인과 와인잔과 함께, 가르시아 마르케스의 『백년의 고독』은 빨간 장미에 흰색 들장미를 곁들여서 스타일링했다. 줄리언 반스의 『예감은 틀리지 않는다』는 책 주위로 핫 초콜릿 잔과 양초, 흰색 돌들이 흩어져 있다. 향수병, 미니 선인장, 양초, 카메라, 액세서리, 앤티크 소품 등 그 책에 어울리는 이미지를 만드는 센스 엿보기.

28 AUGUST

한강에서 치맥

한국에 사는 외국인들의 토크쇼 〈비정상회담〉에서 서울 10대 놀거리 중 하나로 꼽은 한강변 치맥 즐기기. 한강변에 가서 그늘막 텐트 치고 맥주 한잔. 바람도 솔솔 불고 강물은 반짝이고……. 파리의 센 강변 못지않게 로맨틱한 한강변의 여름밤. 올여름을 보내기 전에 꼭 한번 해야 할 일.

29 AUGUST

시골 버스 여행

시골 버스로 당일치기 여행하기. 기차를 타고 처음 보는 간이역에 내려서 버스를 타고 잘 모르는 시골길을 달리다 보면 낯설면서도 편안한 기분이 든다. 처음 가는 길이지만, 늘 보아왔던 것 같은 익숙한 풍경들이 창밖으로 펼쳐지고, 시골 할머니들과 학생들의 사투리 섞인 대화를 듣는 것도 재미있다. 이방인이지만, 하나도 어색하지 않은 시골 버스 여행.
마음이 가는 대로, 어느 정류장에 내려서 구경하거나, 버스 정류소 이름을 보고 다음 버스로 갈아타는 여정도 시도해보자. 시골 여행에서 마음에 드는 곳을 발견했다면 다음 계절에 한 번 더 방문해보면 어떨까? 지난 계절에 봤던 시골 풍경을 떠올려보고, 차창 밖으로 손을 조금 내밀어 시골 바람도 쐬어보고.

30 AUGUST

4차원 파쿠르 놀이

파쿠르는 여정(가는 길)의 프랑스어. 도시나 산에서 재빨리 장애물을 넘어 앞으로 전진하는 스포츠로, 전문 파쿠르 선수들을 보면 가히 '움직임의 예술'이다. 여름의 열기가 가시지 않은 도시 광장에서 친구들과 파쿠르 시도해보기. 아마추어인 만큼 움직이지 않는 파쿠르, 즉 '스톱모션 파쿠르'를 시도해본다. 바닥을 벽으로 생각하고 동작을 생각하면 쉽다. 연기력보다 필요한 건 용기. 사람들 앞에서 바닥에 눕는 병맛 연기를 하려면 일행 중에 4차원 같은 친구가 있어야 한다.

파쿠르(parkour) 진짜 파쿠르를 하지 못하는 사람들이 재미로 스톱모션 파쿠르를 시도하는 영상을 유튜브나 빙글(vingle.net)에서 찾을 수 있다. 검색어는 스톱모션 파쿠르(stop motion parkour).

31 AUGUST

나는 그 향기를 사랑한다. 집으로 가는 길에 그들이 커피콩을 볶을 때면, 어느 이웃들은
문을 닫지만, 나는 문을 연다.
- 장 자크 루소, 리오 담로시의 『루소, 인간 불평등의 발견자』에 인용됨

가을엔 커피 아카데미

올가을에는 아마추어 바리스타가 되어볼까. 커피 전문점에서 진행하는 커피 아카데미를 신청해보자. 가볍게 취미로 듣는 강좌부터 전문 바리스타 과정까지 다양한 강좌가 있다. 취미반은 보통 4~8회, 10~20시간 기준으로 진행하며, 평일반과 주말반 중에서 선택 가능하다. 한 커피 전문점의 경우 커피 홀릭, 커피 브루잉, 커피 테이스팅, 에스프레소 마스터, 라테 아트, 바리스타 특강 등을 강의 순서에 관계없이 신청할 수 있다. 가을에는 집에서도 원두커피를 즐겨야지.

커피 아카데미를 운영하는 커피 전문점 할리스(hollys.co.kr), 탐앤탐스(tomsacademy.com), 전광수커피(jeonscoffee.co.kr) 등이 있다.

*5월에서 12월까지는 길고 긴 시간이지요.
그러나 그대가 9월을 맞이했다면,
나머지 날들은 순식간에 지나가 버려요. ……
9월, 11월
이 소중한 나날을 당신과 함께 보낼게요.*

— 맥스웰 앤더슨, 〈9월의 노래〉 노랫말 중에서

September

1 SEPTEMBER

*그대가 정말 사랑하는 것은 남으며
나머지는 쓸데없는 것.
그대가 정말 사랑하는 것은 그대를 떠나지 않을 것이며
그대가 정말 사랑하는 것은 그대의 진정한 유산.
– 에즈라 파운드, 시 「사랑은 기억 속에 살아 있다」 중에서*

단 하나의 소중함

아침에 눈을 떠서 가만히 누워 생각해보자.

이 고요한 초가을 아침, 내 삶에 중요한 건 뭘까?

단 하나만 꼽는다면,

한 단어로 말한다면?

너무 많은 생각이 떠오른다면,

다 삭제하고 꼭 한 가지만 남겨보자.

꼭 하나 가장 소중한 것을.

『원씽The One Thing』(게리 켈러 & 제이 파파산 공저) '일을 잘하기 위해 자신의 강점 하나에 집중하라'는 메시지를 담고 있지만, 일이 아닌 삶에 공식을 대입해볼 수 있다. 내 삶을 잘 살아가기 위한 우선순위는?

2 SEPTEMBER

100일간의 명화 감상

100일 동안 세상에서 가장 비싼 100점의 명화에 빠지기. 이 대업을 이루기 위해 해야 할 일은 이규현이 지은 『세상에서 가장 비싼 그림 100』을 하드커버 에디션으로 구입하는 것이다. 5만 원이란 책값이 비싸지 않을 만큼 두껍고 크고 화질도 좋다. 책 속에 있는 그림 100점을 하루 한 점씩 잘라서 액자에 넣고 100일 동안 하루씩 다른 그림을 본다고 치자. 그 이상의 투자 가치가 있다(시중에서 파는 작은 앤디 워홀 포스터값을 생각해보라)! 내가 잘 아는 화가 피카소, 고흐, 모네의 그림일 수도 있고, 처음 들어본 프랜시스 베이컨 같은 작가의 난해한 작품일 수도 있다.

『세상에서 가장 비싼 그림 100』 이 책에 실린 세상에서 가장 비싸게 거래된 그림은 폴 세잔의 〈카드놀이 하는 사람〉(2,622억~3,147억 원 추정)이었다. 2015년 7월에 이 기록이 깨졌다. 폴 고갱의 그림 〈언제 결혼하니?〉가 약 3억 달러(약 3,272억 원)에 팔렸다. 1, 2위 작품을 모두 카타르 왕족이 구매했다고. 그다음 비싼 그림은 피카소의 〈꿈〉으로 1,626억 2,000만 원. 100위 안에 들려면 적어도 400억 원은 넘어야 한다. 그렇다면, 루브르박물관에 있는 〈모나리자〉는 (만약 거래된다면) 얼마일까?

3 SEPTEMBER

우연히 만난 책 한 권의 사소하고 짧은 구절에서 누군가는 인생을 바꿀 수 있는
보석을 발견할 수도 있을 것이다. 그러기에 더욱더 가끔씩 휴가를 내어 서점을 산책하는
여유로움과 행복을 만들어보는 것도 좋을 것 같다.
— 손성곤, 직장생활연구소(kickthecompany.com) 포스팅 중에서

먼저 말을 걸어오는 책

서점에서 어슬렁거리며
나에게 말을 거는 책 찾기. 책을 넘기며
나에게 말을 거는 페이지 찾기.
그 페이지에서
나에게 말을 거는 한두 줄을 찾아 깊이 읽기.
지금 나에게 우연히 다가와
말을 거는 책 속에서 삶의 방향을 바꾸는
이정표를 발견할 수도 있다.

4 SEPTEMBER

그게 바로 핸드메이드 아이템이지. 그것들은 그 사람의 흔적을 여전히 갖고 있어서,
갖고 있으면 네가 덜 외롭다고 느끼게 된단다.
– 에이미 벤더, 『컬러 마스터』 중에서

따뜻함을 전하는 핸드메이드 소품

팔찌, 목도리, 티 매트 등 손으로 만들 수 있는 것이 완성되면, 고마운 사람들에게 선물하기. 클레이, 손뜨개, 자수 등 핸드메이드 안내 도서를 따라 하면 하루 이틀이면 완성할 수 있는 예쁜 소품들도 많다. 좋은 사람을 생각하면서 만드니 얼굴이 저절로 펴지고, 그 사람이 받아서 좋아할 걸 상상하니 즐겁다. 받는 것보다 주는 사람만이 갖는 행복이자 두 손으로 작은 걸 만들 줄 아는 사람만의 행복.

5 SEPTEMBER

"헌책방은 자신이 책을 선택하는 곳이 아니라, 책이 자기를 선택하는 곳입니다."
– 이상한 나라의 헌책방 주인장 윤성근, 팟캐스트 〈북파인더〉 중에서

헌책방 찾아가서 책 팔고 사기

책값이 부담될 때 헌책방 가서 책 팔고 책 사기. 인터넷으로 충동구매했지만, 몇 페이지 읽고 시들해졌던 책들을 헌책방에서 판다. 그 돈으로 원하는 새 책 같은 헌책 한두 권 사 들고 오기. 책을 사랑하는 주인이 있고 책들이 쌓여 있는 공간에서 유물을 캐듯 헌책을 골라보는, 아주 오래된 헌책방 나들이.

헌책방 정보 전국 온·오프라인 헌책방 소개 mirror.enha.kr/wiki/헌책방, 서울 100여 곳 헌책방 위치 소개 lib.seoul.go.kr/bookstore/main

6 SEPTEMBER

여자는 누구들처럼 집에 들어와서 이용하고 마음대로 다시 나가는 그런 사람이 아니다.
여자는 곧 집이다. 떼려야 뗄 수 없다.
- 앨리스 먼로, 『행복한 그림자의 춤』 중 단편 「작업실」에서

거실이나 베란다를 정리하여 나만의 공간을 마련해보자. 집에서 제일 한적하고 햇살도 제일 잘 드는 곳에 큰 원목 테이블을 두고 작업실을 차린다. 퇴근 후나 휴일에 무겁지 않은 작업도 하고, 놀고, 책 읽고, 재봉틀도 돌리고, 바느질도 하고, 간단히 아침도 먹는 다용도 공간으로 활용하기. 집에서 무엇을 하든, 내 마음을 내려놓는 공간이 있으면 안심이 된다.

7 SEPTEMBER

의미 있는 해의 기록들

내가 태어난 해에 일어난 일.
그해에 나온 영화, 드라마, 음반, 새로 데뷔한 그룹과 가수는 누구였나?
나이가 같거나 생일이 같은 유명인은 누가 있나?
부모가 기억하는 그해의 일 기록하기.
깨끗한 상자를 구해 '태어난 해에 있었던 일'이라고 쓰고,
모든 기록을 모아본다.

위키백과 이 작업을 도와줄 최고의 도우미는 위키백과. 태어난 연도를 입력하고 검색하면, 그해에 월별, 날짜별로 국내외에서 태어난 사람, 문화 행사, 노벨상 수상자 목록이 뜬다.

8 SEPTEMBER

여권의 비자 페이지 액자

옛날 여권은 기한이 만료되어도 내가 다닌 나라의 추억이 담겨 있어 버리기 아쉽다. 공항에서 받았던 입국허가 도장 페이지만 잘라내 액자에 보기 좋게 넣어보자. 내 여행의 기억이 담긴 소품. 도장이 찍힌 모양과 색깔이 나라마다 다 다르고, 빛바랜 종이에서 해묵은 여행의 추억이 배어난다.

도시의 열린 갤러리

도시의 빌딩 로비에서 보물 같은 현대미술 작품 감상하기. 빌딩 옆의 조너선 보로프스키의 〈Hammering Man〉으로 유명한 서울 신문로 흥국생명 빌딩은 1층 로비가 '열린 갤러리'로 국내외 유명 작가의 작품 10여 점을 볼 수 있다.

로비의 벽면에는 강익중의 작품 〈2010 아름다운 강산〉이 보인다. 손바닥만 한 3인치 캔버스와 오브제 8,060개를 이어 붙인 작품으로 숨은그림찾기를 하는 재미가 있다. 화가가 뉴욕에서 가난하게 살던 시절, 지하철을 타고 다니면서 그림을 그리기 시작한 게 그를 유명하게 해준 3인치 그림의 유래. 그림 중간중간에 붙어 있는 문고리, 숟가락, 테니스공, 그릇 등 일상의 오브제를 찾아보는 것도 소소한 즐거움이다.

로비 오른쪽에 보이는 거대한 모빌은 프리 일겐의 〈Your Long Journey〉. 로비 뒤편에는 강익중의 설치 작품 〈퀼른 파고다〉와 함께, 동화책에 나오는 것처럼 귀여운 강아지와 방울뱀을 형상화한 로메로 브리토의 〈Blue Dog〉와 〈Big Temptation〉이 있다. 엘리베이터 옆에는 단순한 선으로 몸의 움직임을 표현하는 줄리언 오피의 〈This is Shahnoza in Stone. 08.〉라는 작품이 있다. 이 밖에 〈Hammering Man〉 주위의 파란 조각 〈La Carosse〉, 건물 뒤편의 그네를 타는 조각 〈One More Round〉도 놓치지 말자. 현대미술 마니아라면 3층에 있는 일주 & 선화 갤러리에 들러 기획 전시까지 순례하자.

흥국생명 빌딩 종로구 새문안로 68(지하철 5호선 광화문역 6번 출구)에 위치. 10명 이상이면 흥국생명 빌딩 1층 로비의 미술품 투어를 신청할 수 있다. 해설 시간은 약 20~30분이며, 무료. 예약은 선화문화예술재단 info@iljufoundation.org

10 SEPTEMBER

응원해주는 사람

나를 사랑하고 응원해주는 사람을 떠올려보자. 주변에 그런 사람들이 많지 않아도 좋다. 내가 무슨 일을 해도 나를 사랑하고 나를 응원해줄 것 같은 단 한 사람만 있어도 힘이 난다.

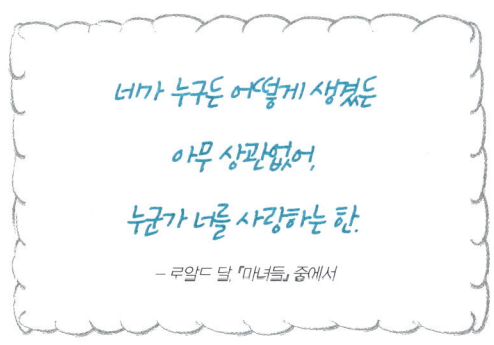

네가 누구든 어떻게 생겼든 아무 상관없어, 누군가 너를 사랑하는 한.

— 로알드 달, 『마녀들』 중에서

11 SEPTEMBER

전시장을 순례하며 이처럼 아름다운 백자들을 느긋이 감상하고 나니 내 가슴속에선 두 가지 확신이 선다. 하나는 백자는 영원한 우리들의 아이콘이라는 사실이고 또 하나는 전시회를 찾아가서 미술을 감상하는 것은 우리가 일상에서 누릴 수 있는 최고의 힐링이라는 생각이다.
– 유홍준, 〈한겨레〉 칼럼 중에서

완벽하지 않은 달항아리처럼

백자 달항아리. 희고 둥근 모양이 달을 닮아서 달항아리. 마음이 삐뚤어질 것 같은 오늘은 박물관에 가서 백자 달항아리와 마주보기. 달이 완벽한 원이 아니듯, 커다란 사발 두 개를 붙여서 만든 저 달항아리도 완전히 둥글지 않다. 병 입구도 삐친 입술처럼 한쪽이 살짝 찌그러져 있다. 그런데 멀리서 보면 둥글다. 저 높이 있는 달이 둥글둥글하듯, 달항아리도 멀리서 볼수록 더 둥글어 보인다. 완벽하지 않아서 더 아름다운 달항아리처럼, 조금 떨어져서 내 마음 바라보기.

최고의 백자 달항아리는? 백자 달항아리는 국보 3점, 보물 6점 등 9점이 국가 지정 문화재이다. 국립고궁박물관에 있는 국보 310호, 삼성미술관 리움에 있는 국보 309호가 최고로 손꼽힌다. 국립중앙박물관에서는 보물 1437호 백자 달항아리와 함께 조선 시대 백자들을 다양하게 만날 수 있다.

12 SEPTEMBER

외국인 동네 음식점 가기

외국인들이 모여 사는 동네 음식점 가기. 서울에는 지하철 1호선 동대문역 근처에 간판이 우크라이나 말로 쓰여 있는 '사마리칸트'라는 우크라이나 식당이 있다. 지하철 4호선 안산역 근처에는 몽골 음식점 '몽골리안 라이프', 우즈베키스탄 음식점 '훌세라 샤마르칸' 등 별미 음식점이 모여 있다. 이국적이고 소박한 인테리어에 외국인 고객이 더 많아서 외국 어느 동네 골목에 여행 온 느낌. 이태원에 있는 유명 레스토랑보다 저렴한 가격에 현지의 맛을 볼 수 있다.

13 SEPTEMBER

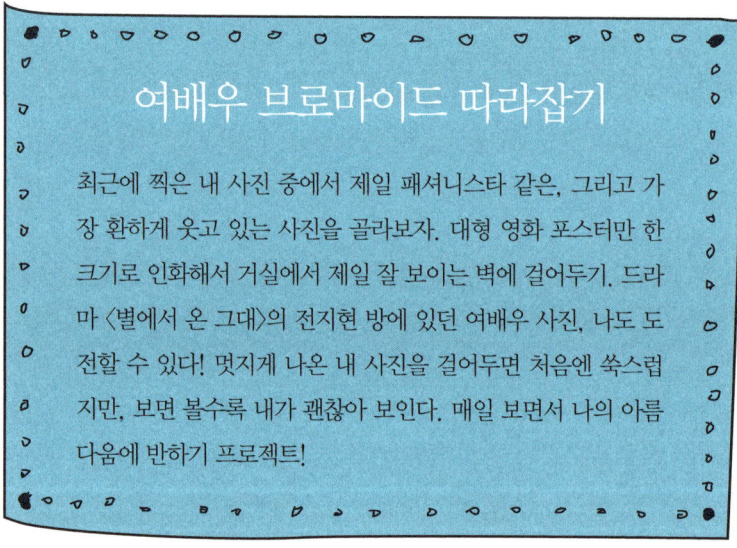

여배우 브로마이드 따라잡기

최근에 찍은 내 사진 중에서 제일 패셔니스타 같은, 그리고 가장 환하게 웃고 있는 사진을 골라보자. 대형 영화 포스터만 한 크기로 인화해서 거실에서 제일 잘 보이는 벽에 걸어두기. 드라마 〈별에서 온 그대〉의 전지현 방에 있던 여배우 사진, 나도 도전할 수 있다! 멋지게 나온 내 사진을 걸어두면 처음엔 쑥스럽지만, 보면 볼수록 내가 괜찮아 보인다. 매일 보면서 나의 아름다움에 반하기 프로젝트!

14 SEPTEMBER

하찮은 틈새라도, 짧은 순간이라도 즐겨라.
- 애니 딜라드, 「자연의 지혜」 중에서

틈새 이미지 즐기기

의도하지 않은 사진 찍기. 캔디 카메라라는 앱이 있다. 캔디처럼 달콤하게, 만화책처럼 스케치풍으로 연출할 수 있는 필터가 있어서, 프로필 사진이나 인스타그램 사진을 찍을 때 유용하다. 이 캔디 카메라의 결정적 단점은 누르는 것보다 늦게 찍힌다는 것인데, 이 단점이 의외로 재미난 순간을 포착해준다. 내가 눈으로 본 적 없는, 이 세상이 아닌 듯한 틈새, 시간과 시간 사이 내가 볼 수 없던 화면이 흐릿하게 찍혀 나온다.

인상파 화가 클로드 모네는 말년에 수련 연작을 200여 점이나 그렸다. 모네의 수련은 가까이에서 보면 한 송이 한 송이가 붓질 몇 번으로 뭉개놓은 듯하다. 하지만 멀리서 작품 전체를 보면 아름다운 수련이 보인다. 모네는 나이 들수록 윤곽선이 거의 없이 그렸는데, 백내장으로 흐려진 시력 때문이라고 추측되기도 한다. 때로는 흐릿하게 보는 세상이 더 아름답다.

클로드 모네, 〈수련〉, 왼쪽부터 1899, 1919

15 SEPTEMBER

그건 그토록 완벽한 날. 그리고 모든 순간이 너무 소중했어.
- 콜드 플레이, 〈스트로베리 스윙〉 노랫말 중에서

오프닝과 클로징 노트

라디오 방송을 시작할 때 오프닝, 끝날 때 클로징처럼 근사한 하루를 위해 오늘 하루의 오프닝과 클로징 노트를 적어보자. 이유 없이 날아갈 것처럼 가벼운 오늘 아침의 오프닝은 건축가 오기사가 대림미술관 『인생의 지도』 북 콘서트에서 했던 말 '행복한 순간이 왔을 때 더 밀도 있게 행복하자'를 옮겨 적으면 어떨까? 오프닝처럼 하루 보내기. 하루를 시작하는 오프닝은 '새로운 하루를 잘 살자'는 다짐을, 하루를 마무리하는 클로징은 '그럼에도 불구하고 오늘 하루도 수고했다'는 칭찬을 담아보자.

16 SEPTEMBER

"웹툰의 역사와 계보를 꿰고 있는 동료에게 강의를 들으니, 웹툰의 신세계가 열린 것 같았어요. 특히 나에게 맞는 웹툰을 추천해줬는데, 그때부터 저도 웹툰 오덕(오타쿠)의 길로 들어섰지요."
– 홍보 회사 P사의 런치 타임 토크 참가자

도시락 먹으며 런치 타임 토크

오후 12시부터 1시까지 점심시간. 직장 동료 또는 친구들과 도시락을 먹으며 '런치 타임 토크' 시간을 가져보자. 빙 둘러앉아서 배달 도시락을 함께 펴놓고 일상에서 즐기는 자신의 취미 생활이나 관심거리를 가볍게 나누기. 요즘 뜨는 웹툰, 이 계절에 어울리는 음악, 휴일에 빈둥거리는 법, 아주 사소한 수집벽, 휴가철에 다녀온 여행지, 새로 시작한 뜨개질, 따끈따끈 연예가 소식 등 어느 주제나 자유롭게 이야기해보기. 노트북 화면에 사진을 띄우거나 관련된 물건을 보여주면서 이야기를 진행하면 더 재미있다. 일상의 소소한 이야기로 활력을 얻는 특별한 런치 타임.

17 SEPTEMBER

목표 달성 1,000

'나의 책과 영화 목록 1,000가지' 만들기. 문구점에서 제일 두꺼운 공책을 구입한다. 공책 맨 앞부터 책 목록, 맨 뒤부터 영화 목록 정리하기. 실선 한 줄에 하나씩 번호, 제목, 읽은 날(본 날), 느낌 적기. 지금까지 읽은 것도 기억나는 대로 다 적고, 앞으로 볼 것도 이 공책에 적기. 간단하게 정리하면서 1,000편을 목표로 계속 적어나가기.

18 SEPTEMBER

퇴근 후 피맥

오늘 퇴근 후에는 치맥 대신 피맥. 이때는 평소에는 잘 맛볼 수 없는 진하고 깊은 맛의 수제 에일 맥주에 수제 피자를 조합하는 게 센스. 이태원 경리단길이나 홍대 쪽에 가면 크래프트 비어와 수제 피자를 함께 내놓는 펍이나 바를 만날 수 있다.

더 부스(theboothpub.com) 전 『이코노미스트』 한국 특파원 다니엘 튜더와 친구들이 2013년 경리단길에 오픈한 수제 맥주집으로 비어홀릭이라면 빠질 수 없는 코스가 됐다. 안주로는 대형 피자 2종류(살라미, 치즈)만 있다. 인테리어는 영국식 펍 분위기에 앤디 워홀의 팝아트를 더하고, 한국식 허름한 선술집 무드도 살짝 낸 퓨전식. 손님이 많을 때는 밖에 모여 서서 마시면서 영국식 펍 분위기를 제대로 경험할 수 있다. 경리단점, 홍대점, 이태원역점, 강남 1·2호점, 삼성점, 방배점, 부산 해운대점 등이 있다.

19 SEPTEMBER

잠시 시간을 내서 혼밥을 먹고 주변 골목길을 기웃거리는 산보를 하는 것, 멀리 시간을 내서 여행을 가거나, 일부러 피트니스를 하지 않더라도 우리의 정신을 건강하게 만드는 일상의 좋은 방법이라 생각한다.
– 하지현, 〈채널예스〉 인터뷰 '하지현의 마음을 읽는 서가' 중에서

혼자의 자유~ 혼밥! 혼술!

혼밥(혼자 밥 먹기) 즐기기. 누군가와 식사 시간을 꼭 맞춰서 원치 않는 메뉴를 먹어야 할 필요는 없다. 집에서 혼밥 먹을 때는 소박한 밥상을 차리되, 예쁜 그릇에 세팅하여 혼자 밥 먹는 시간 즐기기. 밖에서도 사람들이 몰리는 피크 타임을 피해, 내가 원하는 메뉴를 골라 자유롭고 느긋하게 혼밥 즐기기. 혼자 먹기의 최고 레벨인 혼술(혼자 술 먹기) 도전해보기. 혼밥인은 자유인이다.

20 SEPTEMBER

즐거운 일은 찾아오는 것도 있지만, 만들어서 즐거울 수도 있다. 이제 어디든 어느 자리든지
내가 있어서 조금이라도 행복해질 수 있다면 조금이라도 나누고 싶다.
- 차범근, 다음 뉴스펀딩 '차범근의 따뜻한 인생' 중에서

책 읽어주는 모임

제인 오스틴의 소설 『오만과 편견』에 나오는 18세기 영국의 리딩 룸 풍경을 보면 거실에서 소리 내어 책을 읽어주곤 한다. 매달 함께 읽고 싶은 책을 선정하고, 집 거실에 사람들을 초대하기. 처음엔 에세이나 단편소설로 가볍게 시작한다. 둘이라도 좋다. 서로 리더가 되어 돌아가며 책을 읽어주고, 책 읽은 소감도 나눠보자. 날씨가 좋은 날에는 야외로 리딩 룸 모임의 장소를 옮겨보자.

플라이북 자신이 읽은 책을 짧은 추천 글과 함께 SNS로 공유하는 플라이북 해보기. 추천하고 싶은 책 제목을 검색한 후 추천의 이유나 책 속의 좋은 문장을 쓰고 종이비행기를 날리듯 '플라이'하면 친구들과 공유할 수 있다. 때로는 사용자들과 '묵독파티'라는 오프라인 책 함께 읽기 번개도 진행한다. 플라이북을 이용하려면 flybook.kr 또는 스마트폰에서 플라이북 앱 설치하기.

21 SEPTEMBER

나는 타자다(Je est un autre).
– 아르튀르 랭보, 1871년 스승 조르주 이장바르에게 시인이 되고 싶다며 보낸 편지 중에서

피할 수 없다면 즐겨라

하기 싫은 일 해야 할 때, 가기 싫은 곳 가야 할 때, 만나기 싫은 사람 만나야 할 때도 즐겁게 또는 무심하게 할 수 있는 방법 세 가지.

1. 시작하기 전 주문 외우고 평소 좋아하는 사전 행동을 하기. 아브라카다브라(모든 게 잘되리라) 주문 외우고, 평소 내가 좋아하는 행동(커피 마시기, 노래 부르기 등)을 한 후에 시작하기. 내가 준비한 애피타이저가 상큼하면, 남이 주는 본메뉴가 맛없어도 참을 수 있다.

2. 연극배우 되어보기. 지금 이 무대에 있는 사람은 내가 아닌 배우이며, 무대에 있는 동안 주어진 이 배역을 즐기리라.

3. 몸만 움직이기. 정말 이건 아닌 상황에서 자신을 타자화하여 마음을 어느 장소에 짐처럼 맡겨놓고 유령처럼 공허하게 움직이기.

22 SEPTEMBER

학생이 될까? 학과장이 될까?

신촌대학교! 처음 들어도 어쩐지 생소하지 않은 신촌대학교는 서울 신촌 지역에 2015년 4월 개교한 대안 대학교이다. 총장은 영화 〈죽은 시인의 사회〉에 나오는 선생님의 이름을 따서 키팅. 각 학과도 이색적이다. 무용 기술이 아닌 몸으로 소통하는 법을 배우는 몸플학과, 노인 영정사진 메이크업을 해주는 등 진정한 아름다움에 도전하는 예뻐져볼과, 마음을 담아 봉사하는 법을 공유하는 심(心)봉사학과, 내 안의 예술가를 깨워주는 소울아트학과……. 기존 대학에는 없는 학과에서 누구나 가르치고, 누구나 배울 수 있는 대학이다. 대학에서 배울 수 없는 학과 공부를 하고 싶다면? 신촌대 학생이 되어보자. 나도 다른 사람들과 공유하고 싶은 게 있다면? 내가 학과 이름을 만들고, 신촌대에서 학기마다 모집하는 학과장에 도전해보자.

신촌대학교(facebook.com/SinchonUniv) 한 학기 수강료는 학과에 따라 10만~50만 원. 수강 신청한 강의를 빠짐없이 들으면 수강료 일부를 돌려준다. 여름과 겨울에 개설되는 계절 학기는 더 저렴하다. 수강료가 부족하면 신촌대가 개설한 신촌은행에서 학자금을 대출받을 수 있다. 대출금은 10년 안에 아무 때나 갚으면 된다.

23 SEPTEMBER

우리가 하루하루를 어떻게 보내는가는, 물론, 삶을 어떻게 사는가와 같다.
– 애니 딜라드, 「창조적 글쓰기」 중에서

타임라인 처음부터 끝까지 읽어보기

내 타임라인 처음부터 끝까지 읽어보기. 페이스북이든, 트위터든, 텀블러든, 인스타그램이든 내가 만든 소셜 미디어 계정에 들어가 타임라인을 처음부터 끝까지 읽어보자. 계정을 만든 초기에 열심히 올린 후 휴면 상태인 계정도 있고, 최근에 열심히 하고 있는 계정도 있다. 몇 년 전에 올린 게시물을 보면 옛날 일기장 들춰보는 것처럼 저절로 미소가 지어진다. 쑥스럽지만 사랑스러운 타임라인. 내 일상이자 내 삶인 타임라인.

24 SEPTEMBER

산책할 수 있다는 것은 우리를 사로잡고 있는 일상사 가운데 어떤 빈틈을, 나로선 도저히 이름 붙일 수 없는 우리의 순수한 사랑 같은 것에 도달할 수 있게 해줄 그 빈틈을 마련할 수 있다는 것을 말한다.
– 장 그르니에, 『일상적인 삶』 중에서

미술관 옆 산책로

미술관 관람을 계획하고 있다면, 사람들이 붐비는 주말을 피해 아껴둔 연차를 투자하여 평일 오전 시간을 이용해보자. 좋아하는 그림을 오래 바라보면서 깊은 몰입에 빠질 수 있다. 전시가 끝난 후에는 느긋하게 주변을 산책할 수 있는 미술관을 찾아가 보자.

미술관과 산책로 서울시립미술관과 미술관 앞 정원, 덕수궁미술관과 덕수궁 뒤뜰, 예술의 전당 한가람미술관과 우면산 산책로, 국립현대미술관 과천관과 야외 조각공원 등.

25 SEPTEMBER

유명인의 사진과 닮은 사진 찍기

유명인들의 장난스러운 자화상이나 사진을 찾아서 비슷한 포즈로 사진 찍기. 트레이드마크인 콧수염을 달고 놀란 토끼 눈으로 쳐다보는 화가 살바도르 달리, 코를 파고 있는 소년(자화상)을 그린 팝아티스트 앤디 워홀, 세상에서 가장 즐거운 아이처럼 맨발로 점핑하는 배우 오드리 헵번……. 천진난만한 표정이나 포즈를 따라 하다 보면 저절로 행복해지는 시간.

26 SEPTEMBER

완벽하고 전문적인 수리 기술이 있어야 사물을 고칠 수 있는 것은 아니라고 생각해요. 버리기엔 자꾸 뒤돌아보게 되는 애틋한 사물들을 손이 닿는 만큼 아끼고 고치다 보면, 스스로 해결할 수 있는 방법들이 늘어나고 그것들이 쌓여서 우리는 조금 더 주체적인 삶을 살아갈 수 있는 준비운동을 할 수 있을 거예요.
– 문화로놀이짱, '해결사들의 수리 병원' 안내문 중에서

해결사들의 수리 병원 나들이

병원에 가는 일이 즐겁다. 매달 마지막 주 토요일에 서울월드컵경기장 근처 문화로놀이짱 안마당에서 열리는 만물 수리 병원에 가는 일이라면. 사회적 기업 '문화로놀이짱'이 2011년부터 열기 시작한 '해결사들의 수리 병원'에서는 자전거, 신발, 시계, 칼, 옷, 통기타, 컴퓨터, 이어폰, 만년필, 우산, 가방 등 일상의 물건들을 고쳐주는 수리 박사들을 만날 수 있다. 칼 갈기, 헌 옷 리폼은 기본이고, 빈 병 커팅, 운동화 수선, 구멍난 양말 깁기, 자전거 수리 워크숍 등 재미난 구경거리도 많다.

낡았어도 내게는 어쩐지 오래오래 더 곁에 두고 싶은 소중한 물건들. 치료받은 물건을 가지고 돌아가는 사람들의 마음도 치유해주는 효과가 있다. 이번 달 마지막 주 토요일 오후에 수리하러 갈 물건들을 주섬주섬 챙겨보자.

해결사들의 수리 병원(norizzang.org) 3~10월 마지막 토요일 오후 13~18시, 서울월드컵경기장 서문 맞은편(지하철 6호선 월드컵경기장역 2번 출구) 주차장 내 문화로놀이짱 안마당에서 열린다.

27 SEPTEMBER

"스스로를 위로하고 고칠 수 있는, 자신이 자기 자신의 주치의가 되자. 외부에서 기대하기 전에 스스로 응원하고 위로하는 법부터 알았으면."
– 윤태호, 팟캐스트〈미생라디오〉 9화 중에서

셀프헬퍼, 스스로를 돕기

철학자이자 인생학교(School of Life) 설립자 알랭 드 보통은 '현대의 대학 교육이 시작되기 전, 철학자들은 오직 셀프헬프(자기 개발)를 가르쳤다'고 말했다. 내 결정을 누구에게 의지하고 있지 않은가? 결과에 대해 남의 핑계를 대지 않는가? 내 삶을 대신 빛내줄 물건에 집착하고 있지 않은가? 오늘부터 나는 스스로 결정하고 책임지는 자유인, 셀프헬퍼가 되기로 결심한다.

28 SEPTEMBER

영화 다시 보며 숨은그림찾기

좋아하는 영화 다시 보기. 프랑스 영화감독이자 화가이자 팝아티스트인 미셸 공드리의 〈수면의 과학〉은 볼 때마다 숨은그림찾기처럼 새로운 장면을 발견하는 깨알 재미가 있다. 새처럼 하늘을 날거나 망아지를 타거나 불이 나거나 등등 한 번쯤 꿈속에 등장했을 황당한 장면이 휴지 심, 셀로판지, 솜, 천 등으로 만든 수공예품으로 재현된다. 의미를 해석할 필요 없이 공드리 감독의 사적인 스크랩북 같은 영상 놀이에 몰두하다 보면 여러 번 봐도 새롭다. 공드리 감독은 어느 인터뷰에서 "볼 때마다 이전에 못 본 장면을 발견할 수 있는 영화, 사람들이 다시 보고 싶은 영화를 만들려고 했다"고 말했다. 볼 때마다 새로운 영화가 '내 인생의 영화'가 아닐까.

카페 공드리 카페 공드리는 영화 〈수면의 과학〉을 모티브로 만든 카페다. 영화가 카페를 만들고, 카페에서 새로운 영화가 만들어진다. 상상이 현실이 되고, 현실이 상상으로. 그다음은? 위치는 서울 종로구 계동2길 4(지하철 3호선 안국역 3번 출구).

29 SEPTEMBER

오, 마이 마카롱

스트레스가 극에 달한 날, 유명한 마카롱 가게에 가서 "색깔별로 하나씩 다 주세요!" 한 뒤 집에 가져와서 냉장고에 넣고 하루에 한 개씩 까먹는 것. 수고한 나를 위한 선물이다. 마카롱이 하나씩 줄어들 때마다 스트레스 받았던 순간이 하얗게 페이드아웃!

일상에서 스스로에게 주는 보상은 아무리 작아도 위로가 된다. 인터넷 서점 알라딘에서 일하는 MD 바갈라딘은 팟캐스트 〈미생라디오〉에서 '하겐다즈 스트로베리 파인트 사이즈를 혼자 다 먹기'로 스트레스를 푼다고 말했다.

30 SEPTEMBER

캘리그래피로 쓰는 손편지

내 느낌을 담은 '감성 글씨' 캘리그래피. 오늘은 캘리그래피 책을 사서 연습해볼까? 음식점이나 카페 간판, 영화 포스터, 책 표지, 과자 봉지 등에서 캘리그래피를 눈여겨보면, 내가 좋아하는 스타일을 찾을 수 있다. 캘리그래피의 포인트는 글씨가 하나의 그림으로 보이게 하는 것. 잘 쓴 캘리그래피는 잘 그린 그림 한 장처럼 예쁘다. 특별한 날에 캘리그래피로 쓴 카드를 선물과 함께 건네면, 선물이 훨씬 정성스럽게 느껴진다.

혼자 배우는 캘리그래피 **준비물** 붓 또는 펜, 먹물, 벼루, 화선지, 캘리그래피 모음 앱이나 책 **쓰기** ① 선을 일정한 굵기로 긋는 연습하기. ② 좋아하는 스타일의 캘리그래피 따라 써보기. ③ 시, 노래 가사 적어보기. ④ 선물할 때 캘리그래피로 쓴 손편지 함께 주기.

가을은 두 번째 봄,
모든 잎사귀가 꽃이 되는.

— 알베르 카뮈, 희곡 「오해」 중에서

October

1 OCTOBER

한강에서 음악 샤워

스트레스 쌓이는 날, 가까운 한강변으로 달려가자. 한강이 보이는 주차장에 차 세워놓고, 볼륨 크게 틀고 음악 듣기. 비 오는 날이나 흐린 날에 듣는 음악, 맑은 날에 듣는 음악, 바람 부는 날에 듣는 음악……. 날씨에 어울리는 음악을 틀어놓고 음악에 폭 빠지기. 특히, 비가 쏟아지는 날, 차 안에서 음악을 크게 듣고 있으면, 창밖의 세상과 완전히 격리되는 느낌이 든다. 나를 잊고 나 자신도 음악의 일부가 되는 순간.

한강시민공원 주차장 원효대교 근처 63빌딩 앞 주차장은 차 안에서 한강이 보이고 평일엔 한적하다.

2 OCTOBER

지식 밥상에 밥숟가락 얹기

'지적인 대화를 위한 넓고 얕은 지식'이 필요하다고 생각될 때는 팟캐스트 〈지대넓얕〉을 들으며, 넓고 얕은 지식을 골고루 섭취하자. 지식 가게를 차린 채사장, 진지한 철학자 깡선생, 도인 같은 김도인, 친근한 과학자 독실이 등 넷이서 함께하는 〈지대넓얕〉. 장자와 칸트, 니체와 실존주의 등 어려운 철학의 세계도 이들 넷이 풀어서 설명해주면 귀에 쏙쏙 들어온다. 연애, 수학, 사후 세계, 신비체험, 우주의 탄생, 블랙홀, 팔레스타인, 깨달음, 연금술······. 무슨 재료든 이들의 지식 밥상에 올라가면 뚝딱 먹기 좋은 일품요리로 요리돼 나온다. 그들만의 잔치인 호텔 만찬이 아니라, 방금 한 집밥처럼 편하게 둘러앉아 먹을 수 있게 차려주는 것이다. 누군가의 대화에 나도 한 수 참견할 수 있게 도와주는 고마운 팟캐스트. 채사장이 지은 『지대넓얕』 책까지 열심히 섭취하고 나면 나도 지식 밥상에 디저트 하나 올릴 수 있을 것 같다.

팟캐스트, 나도 해볼까?(podbbang.com/help/audio) 친구들과 재미있는 수다를 떨다가 그냥 흘려버내기 아깝다는 생각이 든다. 녹음해서 들려주면 내 또래 친구들도 좋아할 것 같은데······. 이런 생각을 하는 사람이 많은지 우리나라 1위 팟캐스트 앱인 팟빵에서 방송되는 팟캐스트만 5,637개(2015년 3월 19일 기준). 매일 새로운 팟캐스트가 생기고 있다. 팟캐스트는 기존의 유명한 방송처럼 전문 스튜디오에서 녹음해야하는 것이 아니라서, 스마트폰에 있는 녹음 기능이나 동영상 촬영 기능으로도 충분히 방송이 가능하다.

3 OCTOBER

불꽃 축제, 전망 좋은 자리에서 즐기기

서울세계불꽃축제는 가을이면 놓칠 수 없는 축제. 사람들이 몰리는 한강변을 피해 숨은 명당을 찾아보자. 마포대교나 한강대교의 전망대 쉼터는 불꽃 축제의 하이라이트인 원효대교 피날레를 멋지게 즐길 수 있는 명당. 한강변을 따라 서 있는 여의도 복도식 아파트의 고층 복도는 아파트 주민을 알면 들어갈 수 있는 숨은 명당 자리. 축제 당일 예약하기가 로또 당첨되는 것만큼 어렵지만, 63시티 59층의 레스토랑 워킹 온 더클라우드에서 시원한 서울 야경을 배경으로, 또는 한강에서 불꽃 유람선을 타고 불꽃 축제를 구경하는 건 일생에 한 번은 시도해볼 만한 이벤트이다. 한강 근처에서 보는 것보다 좀 떨어져 있지만, 멀리 남산 N타워 전망대에서 서울의 야경과 함께 즐기는 불꽃 축제 전망도 특별하다.

불꽃 축제 서울세계불꽃축제(hanwhafireworks.com) 매년 10월 첫째 또는 둘째 주 주말에 열린다. 서울 여의도 원효대교 근처 한강 가운데 배를 띄워 어두워지면 불꽃을 쏘아 올린다. 한국을 포함해 매년 3~4개국 팀이 참가하는 서울세계불꽃축제의 하이라이트는 원효대교나 마포대교 난간을 불꽃으로 물들이는 피날레. **부산세계불꽃축제(bff.or.kr)** 매년 10월 23~25일 사이에 부산 광안리해수욕장과 광안대교 주변에서 열리는 불꽃 축제. 서울불꽃축제보다 더 많은 150여만 명이 모인다. 하이라이트는 광안리 축하 공연과 광안대교 미디어 파사드 쇼.

4 OCTOBER

거리 책 축제

오늘은 편한 운동화 신고 거리에서 책을 골라볼까. 홍대 주차장 골목에서 열리는 와우북페스티벌을 찾아가 책 부스를 기웃기웃. 좋아하는 출판사와 작가 부스에서 새 책 할인가로 구매하기. 가벼운 에코 백에 어깨가 처지도록 책을 가득 채우기. 이즈음 파주책마을에서도 파주북소리라는 북 페스티벌이 열린다.

북 페스티벌 **와우북페스티벌(wowbookfest.com)** 거리로 나온 책이란 취지로 매년 10월 초 홍익대 주차장 거리와 주변에서 열리는 축제. **파주북소리(pajubooksori.org)** 매년 10월 초 열흘간 파주책마을에서 열리는 축제. **서울북페스티벌(lib.seoul.go.kr/seoulbookfestival)** 매년 10~11월 초 서울시에서 매년 책의 날을 기념하여 여는 축제.

5 OCTOBER

계속 달려야 하는 이유는 아주 조금밖에 없지만 달리는 것을 그만둘 이유라면 대형 트럭 가득히 있기 때문이다. 우리에게 가능한 것은 그 '아주 적은 이유'를 하나하나 소중하게 단련하는 일뿐이다.
— 무라카미 하루키, 『달리기를 말할 때 내가 하고 싶은 이야기』 중에서

10킬로미터 마라톤 도전!

마라톤의 계절. 올해는 스포츠 브랜드 러닝 행사에 참가하기 위해 매일 달리자. 마라톤 풀코스(42.195킬로미터)에 도전하기는 부담스럽지만, 10킬로미터는 초보자도 매일 조금씩 연습하면 1시간~1시간 30분 안에 뛸 수 있다. 여러 스포츠 브랜드에서 개최하는 10킬로미터 러닝 행사 일정을 알아두고, 매일 조금씩 달리는 거리를 늘려보자. 행사 몇 주 전부터 매일 1킬로미터에서 시작해 2~3킬로미터 정도 뛰는 연습을 자주 해야 한다. 뛰기 전에 가벼운 준비운동은 필수. 러닝 행사에서 받은 티셔츠 입고 뛰고, 10킬로미터 완주 증서도 받아 올해의 성취 리스트에 올리기.

러닝 행사 나이키 위런(nike.co.kr) 10킬로미터 또는 21킬로미터, 매년 11월 개최. 뉴트로지나 노르딕레이스(neutrogena.co.kr) 7킬로미터, 매년 12월 개최. 뉴발란스 뉴레이스(nbkorea.com) 팀별 10킬로미터, 시기 미정.

6 OCTOBER

행복이란 향수와 같다. 자신에게 몇 방울 뿌리지 않고는 다른 사람에게 퍼뜨려줄 수 없다.
— 작자 미상, 『아서의 홈 매거진』(1863년)에 최초로 인용됨

향수 한 방울로 기분 전환

자주 들고 다니는 가방 속에 작은 향수병 하나 넣어두기. 기분이 들뜨고 좋은 일이 생길 것만 같은 11시, 무겁게 가라앉은 오후 2시의 사무실 공기를 바꾸고 싶을 때, 약속이 없는 날 퇴근 후 혼자 걷고 싶을 때, 팅커벨이 날아와 향수를 살짝 뿌리고 간다고 상상해보자. 내가 사랑하는 수요일 아침 또는 금요일 오후의 향기를.

7 OCTOBER

가을에 어울리는 감성 시집 읽기

스무 살까지 시를 쓰고 더 이상 시를 쓰지 않은 프랑스의 천재 시인 아르튀르 랭보의 시집 읽기. 『나의 방랑-랭보 시집』을 펴고 읽거나, 시 제목 위에 색연필로 감성적인 제목에 어울리는 색을 상상하며 칠해보기.

「아침의 좋은 생각」
「파리의 향연 혹은 파리가 다시 북적댄다」
「겨울을 위하여 꿈을 꾸었고」
「초록 선술집에서 – 오후 5시」
「나의 작은 연인들」
「꽃에 대하여 시인에게 말해진 것」

어울리는 색을 칠하고, 왜 그 색을 칠했는지 생각해보기. 내가 상상하는 '아침의 좋은 생각'은 어떤 색깔인가? 북적대는 파리는 어떤 감성일까? 시 내용을 몰라도, 제목만 보고 상상의 날개를 펼쳐보자.

8 OCTOBER

나는 12년 동안 매일매일 그 곡(무반주 첼로 모음곡)을 연구하고 공부했다.
정말로 12년이 지나고 내가 스물다섯 살이 되었을 때 비로소 그 곡 중의 한 곡을
청중 앞에서 연주할 용기를 갖게 되었다.
– 앨버트 칸, 『첼리스트 카잘스, 나의 기쁨과 슬픔』 중에서

가을 아침엔 무반주 첼로 모음곡

가을날 아침, 바흐의 무반주 첼로 모음곡 1악장 듣기. 오직 첼로 한 대로 연주하는 선율은 낮고 무미건조하면서 한 음 한 음에 집중하게 만드는 매력이 있다. 투명한 가을 햇빛처럼 마음을 차분하게 해주는 곡. 피아노와 함께하는 첼로 소나타가 다정한 친구와 이야기를 나누는 것 같다면, 첼로 한 대로 연주하는 무반주 첼로곡은 이른 아침 가을 숲을 혼자 천천히 걷고 있는 느낌.

바흐의 무반주 첼로 모음곡 바르셀로나에서 첼로를 공부하던 13세 소년 파블로 카잘스는 어느 날 부두 근처의 악보 상점에 들렀다가 낡은 악보 묶음을 발견했다. 그 악보가 첼로 단독으로 아름다운 연주를 들려줄 수 있음을 알린 〈바흐의 무반주 첼로 모음곡〉이다.

9 OCTOBER

그래서인지 최근 들어 인사동을 찾으면, 인사동길 자체보다는 오픈 몰인 '쌈지길'을 가기 위해 인사동길을 걷고 있는 나 자신을 발견한다. 자신만의 존재감을 시끄럽게 외치는 건물들의 입면과, 외국인 관광객을 호객하는 광고들로 채워진 인사동을 걸어가다. 버드나무와 함께 열두 개의 작은 가게들이 조용하게 늘어선 쌈지길 앞에 다다르면 마음이 참 편안해진다.
— 조한, 「서울, 공간의 기억 기억의 공간」 중에서

한글날 쌈지길 골목 탐험

공휴일인 빨간 날로 되찾은 한글날. 다시 까만 날이 되지 않으려면 한글을 많이 사랑해줘야지. 오늘은 도심 속 골목처럼 언제까지나 남아 있었으면 하는 인사동 쌈지길 찾아가기. 쌈지라는 말부터가 주머니를 뜻하는 우리말. 쌈지길의 가운데 마당에서 동네 골목길을 오르듯 1층에서 4층으로 올라가는 길은 첫걸음길, 두오름길, 세오름길, 네오름길로 불린다. 지하층을 아랫길이라 부르는 어감도 참 예쁘다. 가게에 문패처럼 붙어 있는 한글 간판도 사랑해주고 싶다. 은나무, 성냥갑, 들꽃집, 빨강, 연, 콩콩이……. 한글 이름이 예뻐서 한 번씩 들러봐야 할 것 같은 수공예품 가게들. 꼭대기까지 오르면 동네를 내려다보며 쉴 수 있는 '하늘정원'이 있다. 번잡한 쇼핑센터처럼 변한 인사동에서 마당과 골목이 있는 쌈지길의 풍경만큼은 한글과 함께 꼭 지켜주고 싶다.

쌈지길(ssamzigil.co.kr) 서울 종로구 인사동길 44(지하철 3호선 안국역 6번 출구)에 위치한다.

10 OCTOBER

제가 바라는 다목적 시장은 …… 물건을 많이 파는 것도 중요하지만 머무는 동안 파는 사람들이 즐거운 시장입니다. 피곤하지만 하루 재미나게 놀았다는 마음이면 좋겠어요.
– 이탈리안 쿠킹 클래스 '로사의 부엌' 주인 로사, 블로그 중에서

킨포크 마켓

일상에서 도피하지 않고, 지금 있는 곳에서 소박하고 단순하게 사는 삶. 서울 연희동 이탈리안 쿠킹 클래스 '로사의 부엌'에서 한 달에 한 번 휴일에 열리는 '다목적 시장'에 가면 그런 소박한 삶을 만날 수 있다. 아티스트들이 만든 소품이나 액세서리, 그릇, 양초, 주인이 여행지에서 사 온 수예 매트 같은 수공예품들을 구경하며 예쁜 물건과 함께 정을 주고받는 시간. 다목적 시장이 열릴 때마다 똑같은 물건은 거의 없어서, 매번 어떤 물건이 나올지 설레는 마음으로 가게 된다.

로사의 부엌(blog.naver.com/rome963) 서대문구 연희로11가길 36(경의중앙선 가좌역 4번 출구)에 위치한다. 다목적 시장이 열리는 날짜는 블로그에서 확인하기.
킨포크 본래 '친족이나 일가, 가까운 사람들'을 뜻하는 킨포크(kinfork). 단순하고 소박하게 살아가며, 일상의 행복을 누리는 사람들의 '킨포크 커뮤니티'가 세계 곳곳으로 조용하게 확산되고 있다. 2011년 미국 포틀랜드에서 창간된 「킨포크」 매거진은 국내에도 번역·출간되었다. 도시를 떠나거나 일상에서 도피하지 않고도 삶을 단순하고 행복하게 살아가는 법을 알려주는 안내서. '혼자, 둘이서, 그리고 여럿이서' 일상을 소소하게 즐길 수 있도록 킨포크 스타일을 제안한다. 잡지를 펴면 정갈한 디자인에 여백이 많아서 페이지를 넘기는 것만으로 휴식과 위로가 된다.

11 OCTOBER

이 초현대 초거대 메트로폴리탄 서울에서
1970년대 혹은 1960년대로 시간 이동하는
흥미로운 체험을 할 수 있는 데가
몇 군데나 되겠는가?
그것도 한 잔의 커피와 베토벤쯤을 곁들여서……
— 황동일, 시 「학림: SINCE 1956」 중에서

별그대의 학림다방

아주 오래전 서울대 문리대가 대학로에 있던 시절인 1956년에 문을 열어, 지금까지 남아 있는 학림다방. 지금도 클래식 음악만 들려주는 이 다방에는 '예약석'이라 하루 종일 아무도 앉을 수 없는 창가 자리가 있다. 드라마 〈별에서 온 그대〉의 외계인 도민준이 앉아 있던 곳인데, 별그대를 보고 찾아오는 중국 관광객들 때문에 비워놓았다고. 옛날 다방에 400살이 넘은 외계인을 만나러 오는 현대 중국인들의 초현실적인 풍경. 학림의 시간은 거꾸로 간다.

학림다방 종로구 대학로 119(지하철 4호선 혜화역 3번 출구)에 위치. 토끼 그림이 보일 듯 말 듯 새겨진 하얀 치즈케이크가 맛있다. 학림다방처럼 생긴 지 오래된 낭만 카페를 찾으려면 허한나의 책 『십년 카페』를 참고할 것.

12 OCTOBER

모든 군중 속에, 당신이 좋아하는 거 하나는 언제나 있다.
− 인스타그램 아이디 'ongun.ozyagci,' 단풍잎 하나를 손바닥에 올려놓은 사진에 붙인 글

못 자국과 단풍잎

벽에 난 못 자국을 나뭇잎 한 장으로 가리기.
나뭇잎 뒷면에 양면테이프를 살짝 붙이면 된다.
싱싱한데도 바닥에 떨어진 나뭇잎이나
곱게 물든 단풍잎을 주워 올 것.
반들반들하던 나뭇잎이
하루하루 시들어가는 모습과
바래가는 색깔이 꽤 괜찮다.
다 마르면, 새 잎으로 바꿔 붙이기.
나무 종류에 따라, 나뭇잎 모양이 다 다르고
시들어가는 모양도 다 다르다.

13 OCTOBER

모든 진지한 독서는 '다시 읽는 것'이다.
– 롤랑 바르트, 히라노 게이치로의 「책을 읽는 방법」에 인용됨

읽은 책 다시 읽기

줄 치며 읽은 책 다시 읽기. 오래전에 읽으며 깊은 감동을 느꼈던 책을 다시 읽어보자. 그때는 밑줄을 치지 않았는데, 새로 읽을 때 눈에 들어오는 글이 다르다. 다시 읽을 때마다 다른 색 펜으로 밑줄 긋고 메모하기. 몇 년마다 다시 읽는 책에서 새로 밑줄 치고 싶은 글을 발견하는 기쁨이 있다. 같은 사람과 새로 연애하는 기분으로 다시 읽어보기.

14 OCTOBER

도심의 무료 전시장

한산하고, 좋은 전시도 보고, 무료입장까지 일석삼조! 서울 도심 곳곳에는 무료로 개방하는 전시장들이 있다. 옛 서울역사인 '문화역서울 284', 서촌의 '박노수미술관', 서대문의 '서울역사박물관', 용산의 '국립중앙박물관' 등의 상설 전시실은 휴일이 아니면 한적하게 머무르며 좋아하는 작품 감상에 몰두할 수 있다.

15 OCTOBER

하늘 향해 걷기

가을 하늘만큼 높은 꿈을 꾸고 싶은 날, 소원을 말하러 하늘의 착한 거인에게로 걸어가는 사람들을 만나러 가자. 서울을 비롯한 세계 여러 도시에 설치된 〈하늘을 향해 걷기〉는 조각가 조너선 보로프스키의 거대한 작품. 커리어 우먼, 여자아이, 서류 가방을 든 남자 등 실물 크기로 조각된 사람들이 30미터 높이의 스테인리스 봉 위를 걸어 하늘로 올라가고 있다. 맑은 날은 푸른 하늘로 날아갈 듯 걸어가고, 흐린 날은 영원히 그 자리에 멈춰 서 있는 듯 하늘의 색깔에 따라 사람들의 발걸음도 달라 보인다. 조각가가 어린 시절 아버지 무릎에 앉아 들었다는 하늘의 착한 거인 이야기처럼, 나도 착한 거인을 만나러 매일 걷고 있는 건 아닌지.

한국에 있는 조너선 보로프스키의 조각 작품 3점 〈**망치질하는 사람**Hammering Man〉 서울 흥국생명 빌딩 앞, 지하철 5호선 광화문역 6번 출구. 〈**노래하는 사람**Singing Man〉 국립현대미술관 과천관 앞, 지하철 4호선 대공원역 2번 출구에서 코끼리 열차 이용. 〈**하늘을 향해 걷기**Walking to the Sky〉 서울 강서구 귀뚜라미보일러 본사 빌딩 앞, 지하철 9호선 가양역 8·9번 출구.

16 OCTOBER

집에서 만찬 즐기기

고급 레스토랑에 온 기분을 느끼며 집에서 저녁 식사 하기. 올리브유에 숙성시켜 잘 구운 스테이크와 레드 와인 한 병을 준비한다. 식탁을 거실 가운데로 옮기고, 테이블 매트를 깔고, 큼직한 접시에 스테이크 올려 세팅하고, 캔들로 은은한 조명 효과 주기. 꽃병에 가을 국화까지 꽂으면 완벽한 저녁 만찬 분위기.

올리브유 숙성 스테이크 스테이크를 요리하기 전에 고기를 올리브유에 숙성시켜 두면, 호텔식 스테이크 육질을 만들 수 있다. 올리브유는 육즙이 빠져나오는 것을 막고, 육질을 부드럽게 만들어준다. **만들기** ① 소고기에 소금과 후추를 뿌린 후 올리브유에 흠뻑 적신다. ② 공기가 잘 들어가지 않도록 랩이나 알루미늄포일로 덮어 1시간 동안 그대로 둔다. ③ 뜨겁게 달군 프라이팬에 고기 표면을 익힌다. ④ 아스파라거스, 파프리카, 양파 등을 볶아서 스테이크 옆에 곁들인다.

17 OCTOBER

낙원도 늙는다.
– 에릭 와이너, 『행복의 지도』 중에서

권태 바라보기

지금 하는 일이 지루한가. 예술가의 일도 지루하다. 순간의 영감이 반짝한 이후로는 지겨운 노동을 계속 해야 한다. 하느님도 지루해서 하품을 한다. 우주도 지루하다. 빅뱅 이후로 별일 없이 천천히 커지고 있을 뿐. 우주의 지루함으로도 내 지루함에 위로가 되지 않는다면, 영원히 끝나지 않을 것 같은 노동을 그린 이미지를 찾아보기. 하나는 따뜻한 햇살을 찾아 미국 캘리포니아로 이민을 간 영국 아티스트 리사 스월링의 〈야간작업〉. 하나는 1875년에 그림 딜러를 하다 화가가 된 구스타프 카유보트가 그린 〈마루 대패질하는 사람들〉. 어느 쪽이 더 끝나지 않을 일 같은가? 그 이미지를 노트북 바탕 화면에 깔아보자.

ⓒ리사 스월링, 〈야간작업〉, 2015

구스타프 카유보트, 〈마루 대패질하는 사람들〉, 1875

리사 스월링(glasscathedrals.com) 네모난 작은 상자에 손톱보다 작은 사람들의 순간을 철학적으로 담는다. 그 작은 상자에 슬픔과 기쁨, 나와 너와 우주가 담겨 있다. 청소는 그녀가 좋아하는 소재다. '나는 기도와 청소의 유사성 — 육체노동, 달라지는 결과물, 도덕적 중요성 — 에 매혹된다. 아니면 내가 뒤죽박죽이기 때문이라 매혹되는 것 같다'는 그녀의 말대로 예술가가 자로 잰 듯이 정리 정돈을 잘하는 건 상상이 안 된다.

18 OCTOBER

나를 사랑하자 나를 사랑하자. 여전히 아름다운 나를 사랑하자.
눈물로 보석을 삼은 나를 사랑하자. 나를 사랑하자.
- 커피소년, 〈나를 사랑하자〉 노랫말 중에서

내가 좋아

평생 탐구해도 알 수 없는 사랑, 나와의 연애를 시작하겠어. 우선, 내가 나를 사랑하는 이유를 알아볼까. 호기심이 많아 뭐든 새로운 걸 좋아하고, 자유롭게 살려고 하고, 의미 있는 일을 하려고 하지. 누구와도 비교하지 않고, 지금 이대로 내가 좋아.

19 OCTOBER

퍼뜨릴 만한 가치가 있는 아이디어.
– 테드의 슬로건

테드 마법에 걸리기

마음이 작아져서 어디론가 숨고 싶은 날, 세계 최대 지식 강연 사이트 테드의 영상을 골라보자. 카테고리는 'sort by' 항목에서 찾을 수 있다. 영감이 필요할 땐 inspiring 카테고리에서 한두 편 시청하는 것만으로도 힘이 난다. 웃음이 필요할 땐 funny 카테고리. 용기가 필요할 땐 courageous, 환상적인 이야기는 beautiful 카테고리에서 찾아보기. 세상을 더 좋아지게 만드는 사람들의 이야기를 한두 편 보고 나면, 마법에 걸린 것처럼 용기가 솟는다.

20 OCTOBER

철없는 딸 집 나가 실컷 놀다 들어왔을 때 아무 말 없이 밥 차려주는 엄마의 뒷모습 같은 제주에서 나는 나를 가만히 보고 듣고 느꼈다……
– 이효리, 블로그(blog.naver.com/hyori79lee) 중에서

오늘 저녁 시간은 오로지 나와 함께

매일 꽉꽉 차 있는 저녁 스케줄. 잘 살고 있음을 증명하기 위해서인가. 날마다 너무 분주해 숨이 턱까지 차오를 정도라면 그만둘 일에 과감히 X표를 하자. 지식을 쌓기 위해 저녁 강의를 들으러 다니고, 취미 생활 겸 수다 모임도 빠뜨릴 수 없고, 맛집 여행도, 텔레비전 드라마도 놓칠 수 없는데……. 이렇게 알차게 하루를 채워도 허전하다고 느낀다면 스케줄을 비워야 하는 타이밍. 일주일에 이틀쯤은 나 자신과 온전히 함께하기 위해 저녁 시간 비워놓기.

21 OCTOBER

애프터눈 티라는 의식에 바쳐진 시간보다 더 기분 좋은 시간은 인생에 별로 없다.
– 헨리 제임스, 「여인의 초상」 중에서

오후의 홍차

오후 4시, 하던 일을 멈추고 차 한잔 마시는 여유. 아무에게도 방해받지 않고 혼자 즐기는 오후의 티타임. 이 시간만큼은 커피보다는 홍차가 어울린다. 티타임만큼은 꼭 지킨다는 영국인이라도 된 양 영국 스타일 찻잔과 홍차를 준비해두는 것은 나만의 오후를 위한 작은 사치.

애프터눈 티타임 영국이나 홍콩에서는 가정, 직장 할 것 없이 오후 2~6시 사이에 차와 디저트를 먹는 시간을 갖는다. 보통 홍차와 함께 스콘이나 샌드위치, 카나페, 마카롱, 조각 케이크 등을 먹는다.

22 OCTOBER

피아노곡 연습하기

아무 데서나, 누구 앞에서나 연주할 수 있는 피아노 대표곡 연습하기. 일본 애니메이션 OST는 누구나의 귀에 익어서 들려주기 좋다. 〈하울의 움직이는 성〉〈시간을 달리는 소녀〉〈센과 치히로의 행방불명〉 등의 테마곡을 치면 '아! 그 장면' 하면서 이미지도 떠오른다. 아이유의 리메이크 앨범 〈꽃갈피〉에 나오는 옛날 노래 〈너의 의미〉나 〈나의 옛날이야기〉 중에서 골라 연습해둬도 좋다.

23 OCTOBER

"언어들은 사전 속에 살지 않습니다. 언어는 마음속에 삽니다. 이걸 증명하고 싶으면, 우리가 감성의 순간에 어울리는 말이 필요할 때, 왜 아무 말도 찾지 못하는지 생각해보세요."
– 버지니아 울프, BBC 라디오 강의(1937) 중에서

언어 제조

『반지의 제왕』『호빗』의 작가이자 언어학자인 J.R.R 톨킨은 요정들이 쓰는 언어 '퀘냐'를 만들었다. 퀘냐처럼 전문적인 인공 언어를 만들지는 못하지만, 친한 사람들끼리 만나는 모임에서 우리만의 언어를 써보자. 예를 들어 기억의 집, 사람이 사는 집 등 '집'에 대한 관심을 가진 사람들끼리 만나는 모임에서 쓰는 언어는 집(zip)어. 만남은 지핑(zipping), 사람은 지퍼(zipper), 서로 응원해주는 것은 집 업(zip up), 함께 만드는 프로젝트는 집 프로젝트. 마음의 압축을 푸는 것은 언집(unzip), 압축 해제된 마음으로 서로를 훈훈하게 해주는 것은 지핀(zip-in)……. 우리끼리만 아는 언어가 서로를 더 가까워지게 만든다.

24 OCTOBER

우리는 그날들을 기억하지 않는다. 순간들을 기억한다.
- 체사레 파베세, 『버닝 브랜드: 다이어리 1935~1950』 중에서

여행의 방

여행지에서 사 온 천으로 커튼을 만들고, 한쪽 벽은 여행지 엽서와 사진으로 장식한다. 여행 책과 외국 잡지, 갤러리에서 산 도록도 책꽂이에 꽂고, 그릇과 소품을 선반에 올린다. 길에서 주운 돌멩이도 여행지의 이름을 적어 진열한다. 이 방은 지금까지 다닌 내 여행 가방을 털어서 만든 공간. 여행을 다녀올 때마다 소소한 소품을 모아 채워가는 재미가 있다. 다음엔 여행의 방에 뭐가 필요한지, 미리미리 궁리해두자. 맘먹기에 따라서 스페인에서 장인이 만든 수제 기타를 살 수도 있고, 띠벽지로 쓸 만한 종이를 담아 올 수도 있다.

25 OCTOBER

겨울을 준비하는 뜨개질

다가올 겨울을 준비하며 모자와 장갑, 넥워머 같은 소품 뜨개질하기. 보드라운 털실의 감촉을 느끼며, 한 올 한 올 뜨개질하다 보면, 올겨울을 따뜻하게 잘 보낼 수 있을 것 같다.

카페 어쩌면사무소(probable.kr/samuso)의 뜨개브런치 '어쩌면 좋은 일이 생길지도 몰라.' 이런 생각으로 문을 열고 '어쩌면 프로젝트'를 궁리하는 카페 '어쩌면사무소'에서는 가끔 '뜨개브런치'를 연다. 카페 웹지에 따르면 뜨개브런치는 '일요일에 느시막이 보여 맛난 거 먹으며 뜨개뜨개하는 시간'이다. 같이 모여 뜨개질을 하다 보면, 어쩌면사무소의 면장 고양이가 옆에 앉아 졸고 있다. 카페를 기웃거리던 길냥이가 어엿한 면장님이 되셨다고. 서울시 중구 동호로8나길 15(지하철 3·6호선 약수역 4번 출구)에 위치한다.

26 OCTOBER

모과차 담그기

늦가을은 모과 수확 철. 유기농 설탕과 예쁜 유리병을 구입, 사랑하는 지인들을 떠올리며 정성 듬뿍 담긴 모과차 담그기. 모과에는 비타민 C가 많아 겨울철 감기 예방과 피로 해소에 좋고, 다가올 송년회 때 쌓일 술독을 푸는 데도 좋다. 예쁜 라벨에 손글씨로 차 이름과 담근 날짜, 담근 사람 이름을 적어 11월 첫날에 선물한다.

모과차 담그는 법 **준비물** 모과 3~4개, 유기농 설탕과 꿀(설탕과 꿀을 합쳐 모과와 같은 무게가 되도록 준비한다. 설탕만 넣어도 되지만, 꿀을 함께 넣으면 신맛이 줄어든다.) **만들기** ① 모과를 소금물에 깨끗이 씻어 식초를 탄 물에 10분 동안 담가둔다(농약 제거). ② 모과를 4등분하여 씨앗을 제거한 후 껍질째로 얇게 썬다. 무보다 딱딱한 모과를 썰다 보면 손에 상당 기간 후유증이 남을 수 있으니 두꺼운 목장갑 끼고 썰기. ③ 뜨거운 물로 소독한 유리병에 모과, 설탕, 모과, 꿀 순으로 켜켜이 담는다. ④ 서늘한 곳에 이틀간 두었다가 냉장고에 넣어 일주일간 숙성시킨다.

27 OCTOBER

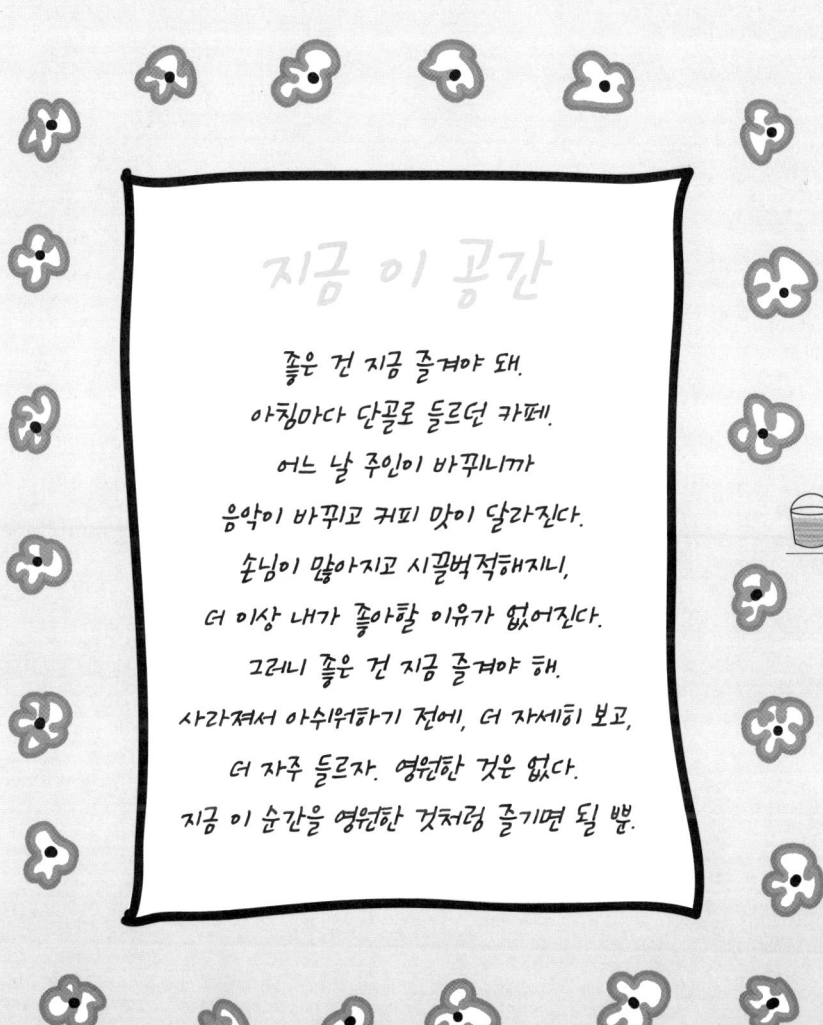

지금 이 공간

좋은 건 지금 즐겨야 돼.
아침마다 단골로 들르던 카페.
어느 날 주인이 바뀌니까
음악이 바뀌고 커피 맛이 달라진다.
손님이 많아지고 시끌벅적해지니,
더 이상 내가 좋아할 이유가 없어진다.
그러니 좋은 건 지금 즐겨야 해.
사라져서 아쉬워하기 전에, 더 자세히 보고,
더 자주 들르자. 영원한 것은 없다.
지금 이 순간을 영원한 것처럼 즐기면 될 뿐.

28 OCTOBER

낙원상가 지하 맛집 찾아가기

깊은 가을 저녁. 쓸쓸한 기분이 든다면, 낙원상가(지하철 3·5호선 5번 출구) 지하 맛집을 찾아가 볼 것! 어르신들이 즐겨 찾는 곳으로, 부족한 주머니 사정을 아는 듯 인심이 넘쳐난다. 허름한 지하에서 푸짐하게 말아주는 2,000원짜리 잔치국수 한 그릇을 뚝딱 비우고 나면 괜스레 힘이 솟는다!

29 OCTOBER

봄을 기다리며 늦가을 가드닝

늦가을엔 냉장고 야채 칸에 잠들어 있는 구근식물들을 꺼내 화분에 심을 시간. 지난 봄, 내 공간에 화려하고 진한 향기를 가득 채웠던 히아신스, 수선화, 아네모네 같은 구근식물. 6월쯤 꽃대를 잘라내고 화분에서 캐내어 통풍이 잘되는 그늘에서 잘 말려 신문지에 둘둘 말아 냉장고 야채 칸에 넣어두었던 알뿌리 식물들이 이 무렵이면 귀여운 초록색 잎사귀를 살짝 내민다. 보관해둔 구근이 없을 때는 늦여름부터 가을까지 꽃 시장이나 인터넷 쇼핑몰에서 '가을 구근'을 찾아 구입한다. 늦가을에 화분에 심어 서늘한 곳에 놓으면, 이듬해 2월부터 이른 꽃송이를 볼 수 있다. 넉넉히 심었다가 친구들에게 꽃을 선물하는 것도 큰 기쁨.

구근식물 종류 수선화, 히아신스, 튤립, 크로커스, 무스카리, 프리지어, 아네모네, 라넌큘러스 등. 양파 같은 알뿌리에서 노란색, 분홍색, 흰색, 보라색 같은 화려한 꽃을 피운다.

30 OCTOBER

우리에겐 아무것도 하지 않고 지내는 시간이 절대적으로 필요하다.
- 줄리아 카메론, 『아티스트 웨이』 중에서

멍하니 있기.

31 OCTOBER

사진작가 니콜라스 닉슨은 처가인 브라운가의 네 자매를 40년 동안 연례행사처럼 매년 촬영했다. 아내 비벌리 브라운을 비롯해 헤더, 로리, 미미 등 네 명의 자매의 사진 연대기는 2014년에 사진 전시회와 책으로 소개되었다. 첫 사진에서 아내 비벌리는 25세, 헤더는 23세, 로리는 21세, 미미는 15세였다. 40년이 흐르는 동안, 서서히 나이 들어가는 자매의 흑백사진들은 '시간이 가진 강렬한 힘을 보여주는 작품이 되었다.'
– 캐서린 브룩스, 〈허핑턴 포스트〉 중에서

시월의 마지막 밤을 기억하는 특별한 방법

'지금도 기억하고 있어요~~' 시월의 마지막 밤은 사랑하는 사람과 함께! 오래된 카페나 주점을 찾아 이용의 노래 〈잊혀진 계절〉을 들으며 추억 나누기. 매년 이날을 특별한 날로 정하고, 그날을 계획하고 기다리는 것만으로도 설레고 기쁘다.

가수 이효리는 매년 결혼기념일마다 웨딩드레스를 입고 사진을 찍기로 했단다. 우리도 매년 이날 같은 장소에 모여서 같은 포즈로 추억의 사진을 남겨볼까. 요즘엔 셀카봉이 있어, 너무 부끄럽지 않은 얼굴 사이즈로 예쁜 셀카 사진을 남길 수 있다.

"여행은 사랑에 빠지는 것과 비슷합니다.
왜냐하면 갑자기 자신의 모든 감각이 작동하기 시작하거든요.
사람들은 세계의 비밀스런 패턴을 갑자기 알게 되죠.
마르셀 프루스트가 말했듯이,
여행은 새로운 것을 보는 것이 아니라
새로운 눈으로 보는 것입니다.
그리고 당연히도, 새로운 눈으로는 옛것,
심지어 여러분의 집도 새롭게 보이게 됩니다."

– 피코 아이어, 테드 강연 〈당신의 집은 어디인가요?〉 중에서

November

1 NOVEMBER

여러분, 좋은 아침

11월 첫날에 동료들에게 서프라이즈~ 선물.
따뜻한 아메리카노와 에그 머핀을 사 들고
누구보다 먼저 출근하여 모두를 맞이하기.
그러려면 평소보다 일찍 집을 나서야 한다.
회사 근처 빵집에서 에그 머핀과
갓 뽑아낸 아메리카노를 사 들고 사무실에 간다.
차례차례 오는 사람들과 눈 마주치며
"좋은 아침"이라고 인사하며,
커피와 머핀의 온기를 나눠주자.

2 NOVEMBER

"꽃은 내가 사겠어"

'댈러웨이 부인은 꽃은 자신이 사 오겠다고 말했다.' 버지니아 울프가 쓴 『댈러웨이 부인』의 첫 문장이다. 런던 거리로 꽃을 사러 나서는 댈러웨이처럼, 오늘은 꽃을 사러 이른 새벽에 꽃 시장으로 가보자. 가까운 꽃 도매시장으로 총총. 꽃을 품에 한가득 안을 만큼 종류별로 여러 다발 사더라도 생각보다 엄청 저렴하다. 플로리스트처럼 꽃가위도 하나 사서 꽃병이 될 만한 병에 수북이 꽂아본다. 우울하고 스산한 11월에는 싱싱하고 향기로운 꽃으로 공간에 생기를 불어넣기.

서울의 꽃 노매시장 **양재동 꽃 시장**(yfmc.at.or.kr) aT화훼공판강 1~2층, 00·13시 오픈, 지하철 신분당선 양재시민의숲역 4번 출구 **강남고속버스터미널 꽃 시장** 서울고속버스터미널 경부선 3층, 지하철 3·7·9호선 고속터미널역 1·2번 출구 **남대문 꽃 시장** 대도상가 3층, 일~목요일은 03~15시, 금~토요일은 16시 오픈, 지하철 4호선 회현역 5번 출구.

3 NOVEMBER

좋은 기분을 위한 비타민제, 햇볕

하루에 한 번은 햇볕 쬐기. 흐린 날이 아니라면 꼭 밖으로 나가서 10분이라도 햇볕을 선물받자. 선글라스, 모자는 다 빼고 맨얼굴로 햇볕 아래 걷기. 피부과 치료를 받고 있거나 햇빛 알레르기가 있으면 해를 등지고 걸으면서 맨손과 등에 햇볕을 쪼여주자. 햇볕은 비타민 D도 주고, 내 기분을 좋게 하는 필수 에너지원. 겨울나기를 위한 필수 비타민이다.

4 NOVEMBER

아이들과 공기놀이

놀이터에서 처음 만나는 꼬마들과 함께 어릴 적 하던 공기놀이를 해보자. 문방구에서 다섯 알 공기를 사거나, 길에서 적당한 크기의 돌을 골라서 공깃돌을 마련한다. 어른 손이니까 공깃돌 다섯 알을 더 쉽게 꺾을 수 있어서 아이들이 부러워한다. 양손을 꼼지락거리는 것만으로도 기분이 좋아진다.

5 NOVEMBER

"내 책은 사람들 사이에 '비밀의 다리'를 놓아줬어요."
— 셰릴 스트레이드, 『가디언』 인터뷰 중에서

책 읽어주는 남자

누군가 낮은 음성으로 읽어주는 책. 내 눈으로 읽는 책도 좋지만, 가만히 듣는 책도 편안하다. 책 읽어주는 팟캐스트를 여러 가지 들어보고, 내 귀에 거슬리지 않는 목소리를 골라 단편이나 장편의 일부분을 듣는다. 이어폰을 꽂고 길을 걸으면서, 지하철이나 버스를 타고 다니면서 듣기에 좋다. 누군가 읽어주는 책을 들으면 졸리지도, 지루하지도 않다. 귀로 들었던 책 내용이 눈으로 읽는 것보다 더 깊게 남을 때가 있다.

책 읽어주는 인기 팟캐스트 〈읽어드림〉〈착한낭독 독한일상〉〈김영하의 책 읽는 시간〉〈EBS 북카페〉 등. 듣고 싶은 팟캐스트 방송분을 와이파이 상태에서 내려받아 놓으면, 데이터 비용 없이 어디에서나 재생할 수 있다.

6 NOVEMBER

생각해보면, 그리 화려하고 남에게 내세울 만한 추억이 있었던 건 아니지만 순수하고 맑았던 나의 그 '느낌'과는 간단히 헤어질 수 없을 것 같아.
– 미야모토 테루, 『우리가 좋아했던 것』 중에서

닳지 않는 여행 이야기

친구를 만나 예전에 여행 갔을 때 추억 얘기하기. 함께 여행했던 기억은 아무리 반복해서 꺼내도 지루하지 않다. 길에서 처음 만난 사람들과 동행한 이야기, 길을 잃어 헤매던 이야기, 지갑이나 물건을 잃어버려 당황했던 기억, 여름밤 산 정상에서 술을 마셔도 취하지 않던 일, 어이없는 사건들……. '그때 그랬지'라며 언제까지나 웃을 수 있는 추억은 골동품처럼 닳지도 사라지지도 않는다.

7 NOVEMBER

토요일 밤처럼 자유롭지만
휴가 마지막 날처럼 고독하게

여럿이 있을 때 조금 고독하게
혼자 있을 때 정말 자유롭게
— 이문재 시 「자유롭지만 고독하게」 중에서

자유롭지만 고독하게

오늘 하루는 자유롭지만 고독하게. 헝가리 출신의 19세기 바이올리니스트 요제프 요하임의 좌우명이자, 요하임의 팬들이 작곡한 소나타곡의 제목 〈자유롭지만 고독하게(F-A-E)〉를 실천해보는 날. 고독은 외로움보다는 격이 높은 단어로 써봐도 좋겠다. 혼자 있어도 불안하거나 외로움을 타지 않고, 혼자 있음의 자유를 우아하게 즐기는 것이 고독의 자세. 긴 겨울에는 자유롭지만 고독하게…….

〈F-A-E 소나타〉 브람스와 슈만, 그리고 슈만의 제자 디트리히가 1악장씩 작곡한 소나타. 브람스보다 두 살 많은 당대 최고의 바이올리니스트 요제프 요하임에게 헌정한 곡으로, 요하임의 좌우명인 '자유롭지만 고독하게(frei, aber einsam)'의 약자를 따서 〈F-A-E 소나타〉라고도 불린다. 이 중에서 지금까지 전하는 곡은 브람스가 작곡한 스케르초 악장. 6분이 채 안 되는 곡 속에 브람스의 절제된 열정이 담겨 있다.

8 NOVEMBER

100년의 가을

단풍이 거의 다 떨어져 길에 수북이 쌓이는 날, 덕수궁 돌담길과 정동길 걸어보기. 두 길 사이에 있는 오래된 건축물은 이문세의 노래 〈광화문 연가〉에 나오는 조그만 교회당, 정동교회. 1890년에 러시아 건축가가 지었으나 하얀 탑만 남아 있는 구 러시아공사관, 1885년 외국인 의사의 집을 개조해 문을 연 우리나라 최초의 근대 학교 배재학당 역사문화관, 1926년 지어진 대한성공회 서울성당, 같은 해에 지어진 경성재판소 건물에서 아치형 현관이 남아 있는 서울시립미술관 등 19세기 말~20세기 초 근대 건축물을 보며 100년의 시간 여행을 할 수 있다.

덕수궁 돌담길 덕수궁 정문(지하철 2호선 시청역 1·2·12번 출구)에서 돌담을 따라 서울시립미술관까지는 덕수궁길, 여기에서 정동극장으로 이어지는 길은 정동길이다.

9 NOVEMBER

지금 많은 사람들에게 필요한 공간은
비어 있는 공간일지 모른다.
난 사람들이 마음속 공간을 들여다보며
정신적으로 쉬어 갈 수 있는 휴식처가 필요할 거란 생각을 한다.
- 안애경 「핀란드 디자인 산책」 중에서

단풍에 비친 그림자를 보며 찰칵~

늦가을 그림자놀이. 내 그림자를 예쁜 단풍 색으로 물들이기. 바닥을 수북이 덮은 단풍잎을 바라보고 똑바로 서서 단풍에 비친 그림자를 찍어보자. 이 순간이 지나면 색깔도, 형태도 사라지는 그림자 미술. 그림자에 관심을 갖기 시작하면, 산책길에 사계절 달라지는 그림자의 크기와 투명도를 비교해보는 재미가 있다.

10 NOVEMBER

덕담 주고받기

길에 떨어진 은행잎 몇 장을 찍어서 인스타그램에

올렸는데, 전혀 모르는 사람이 댓글을 달았다.

This is a beautiful picture!

한 번도 본 적이 없고, 평생 볼 일도 없을 사람이

달아준 코멘트가 나를 기쁘게 하네.

나도 낯선 이들에게 즐거움을 주는 한 줄

따뜻한 답신을 보낸다.

오늘은 덕담을 주고받는 날.

11 NOVEMBER

나를 표현하는 이그나이트 파티

이그나이트(ignite)는 '성냥을 그어 불을 붙이다'라는 뜻. 가슴에 있는 열정의 화약에 살짝 성냥을 그을 수 있는 시간이 이그나이트 모임이다. 이그나이트 파티는 20장의 슬라이드를 15초씩 자동으로 넘기며 5분(20장×15초=300초) 동안 자신의 생각과 경험을 나누는 자리. 전 세계 100여 개 도시에서 이그나이트 파티가 열리고 있다. 친한 사람들과 할 수 있는 이크나이트 파티를 구상해보는 것만으로 즐거운 하루.

미니 이그나이트 파티를 진행하는 방법 중 하나는 각자 '나'를 표현하는 사진이나 그림 10~20장을 준비해서 모이는 것이다. 스마트 패드에 넣어 자동으로 넘어가는 이미지를 한 장씩 보여주며 무슨 이미지이고, 무슨 의미가 있는지 설명하기. 한 사람이 5분을 넘기지 않도록 짧게 진행하기. 글자가 아닌, 사진이나 그림만이 가지는 감성의 힘이 느껴진다. '그 사람을 더 잘 알고' '나도 몰랐던 나에 대해서도 더 잘 알아가는' 탐구의 시간.

12 NOVEMBER

Q. 슈테판 클라인: "우리 각자가 '나'라고 부르는 자아가 없다는 말씀이군요."
A. 빌라야누르 라마찬드란: "우리가 자아나 그 비슷한 것을 감지한다면 그건 아마도 착각일 거예요."
— 슈테판 클라인, 『우리는 모두 별이 남긴 먼지입니다』 중 뇌 과학자 라마찬드란과의 인터뷰에서

제2의 나 상상하기

영화로도 제작된 베스트셀러 『빅 픽처』. 우발적 범죄를 저질러, 지금까지와 전혀 다른 삶을 살아야 하는 주인공의 상황이 황당하긴 해도 누구나 한 번쯤 '전혀 다른 나'로 사는 상상을 해보곤 한다. 다른 나라에서 다른 부모에게 태어나고, 다른 사람이 될 수 있다면? 백지에 그리는 내 삶의 큰 그림(big picture)은 전혀 다를 것이다. 남의 삶의 빅 픽처를 실감나게 그리는 소설가처럼, 내 이야기 한 편을 상상해보자. 평화로운 삶을 꿈꾼다면 프랑스 남부의 프로방스에서, 익사이팅한 삶을 꿈꾼다면 뉴욕이나 런던에서 삶을 시작하는 상상은 어떤가. 지금까지의 내 정체성을 다 버리고, 전혀 다른 곳에서 모르는 삶을 살아가는 제2의 나를 상상해본다.

13 NOVEMBER

우표 외에도 수집할 수 있는 물건은 얼마든지 있다. ……
나는 강을 수집한다. 나는 볼가 강이나 양자강을 오르내리노라면 즐거워진다.
– 버트런드 러셀 『행복의 정복』 중에서

보는 즐거움

보는 것이 소유하는 것이다! 작가 애니 딜라드가 『자연의 지혜』에 쓴 이 굉장한 글은 지갑을 덜 열게 만든다. 카페 창가에서 떨어지는 단풍을 바라보면, 이 나무의 봄과 여름과 가을(또는 봄을 준비하던 겨울까지)을 소유하는 것. 여행을 가면 내 집이 없는데도 왜 즐거운가. 그곳의 모든 건축물과 풍경과 사물을 보는 즐거움을 누리기 때문이다. 보는 것을 진정 즐기기.

14 NOVEMBER

단풍엔딩

벚꽃은 좋지만, 사람 붐비는 축제는 안 가는 사람을 위한 '꽃보다 단풍' 코스. 벚나무 단풍은 벚꽃 못지않게 화려하다. 단풍이 한창일 때 여의도 윤중로 벚나무 길을 찾아가기. 로버트 프로스트의 시「가지 않은 길」의 두 갈래 길 중에서 선택하지 않았던 길을 발견한 느낌. 윤중로 단풍 아래를 둘이 걸어요~ 봄날 벚꽃엔딩에 버금가는 올가을 단풍엔딩 즐기기.

윤중로 단풍 국회의사당 근처가 아름답고, 한적하게 걷기에도 좋다. 가까운 역은 지하철 9호선 국회의사당역 6번 출구. 국회 앞마당으로 들어가서 국회도서관을 가로질러 한옥 사랑채 방향으로 나가면 지름길.

15 NOVEMBER

깊은 두려움 떨치기

어릴 때부터 마음속에 있던 가장 깊고 깊은 두려움은? 입 밖에 꺼내기 두렵고, 속으로 생각하기도 두려운 것. '어릴 땐 밤중에 일어나서 깜깜한 어둠 속에서 귀신을 보게 될까 봐 무서웠지.' '도서관이 숨소리도 들릴 만큼 너무 조용하면 나 혼자 갑자기 큰 소리를 지를 것 같아 두려웠지.' 또, 뭐가 있더라. 종이에 적어보고, 낙서하듯 그림으로도 그려보자. 두려움을 표현하고 나면 아무 일도 아닌 걸 알게 되어 마음을 푹 놓게 된다.

일러스트레이터 프랜 크라우스(deep-dark-fears.tumblr.com)는 사람들이 마음속에 갖고 있던 '깊고 컴컴한 두려움'을 말해주면, 그걸 네 칸 만화로 그려준다. 그의 텀블러에 만화로 나오는 순간, 두려움은 가벼운 유머가 된다. '겨우 이런 걸 두려워하다니 말도 안 돼!' 하면서, 나만 그런 게 아니라는 안도감도 느낀다. 세상에서 젤 무서워서 입 밖에 꺼내지 못했던 일이 재밌는 만화가 되고, 티셔츠에 귀여운 디자인으로 재현되기도 한다. 어둠이 더 이상 무섭지 않게 발상을 전환해주는 이런 예술이 좋다.

16 NOVEMBER

공휴일 청원하기

이번 달은 공휴일이 하루도 없는 달. '11월에 공휴일을 만들어주세요.' 온라인에 청원을 올려서 서명을 받자. 11월의 하루 중 공휴일로 지정할 만한 날짜, 아이디어와 이유 등을 적어 접수시키자. 11월 달력에 공휴일이 생길 때까지 매년 11월 16일은 나 홀로 공휴일. 개인 휴가를 내서라도 쉬자.

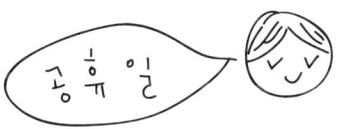

17 NOVEMBER

손 안에 수집한 자연

예쁘게 물든 단풍잎, 하트 모양 계수나무 잎, 떨어진 솔방울, 졸참나무·갈참나무·상수리나무에서 떨어진 다 다르게 생긴 도토리 친구들……. 오늘 내 손 안에 들어온 수집품은 뭘까? 아침 출근길에 주운 노란 은행잎 하나, 저녁 퇴근길에 주운 작은 솔방울 하나가 오늘을 기억하게 할 수집품이다. 자연에게 해가 되지 않도록 내 손 안에 들어올 만큼만 수집해 보기.

ⓒ서채홍

〈도토리 6형제〉 머리가 바늘처럼 삐죽삐죽 솟은 도토리(떡갈나무), 두툼한 털모자를 쓴 도토리(신갈나무), 딱 맞는 빵모자를 쓴 도토리(갈참나무), 패션모델처럼 작은 얼굴에 모자를 살짝 얹은 도토리(졸참나무), 더벅머리 도토리(굴참나무), 수랏상에 오를 만큼 잘생긴 도토리(상수리나무). 서채홍 디자이너는 산에서 도토리를 주워 〈도토리 6형제〉라는 일러스트를 그렸다. 도토리라면 다 같은 도토리인줄 알았는데, 모두 다르게 생겼다니 신기하다. 흔히 보던 자연도 자세히 보면 다 다르고, 달라서 더 사랑스럽다.

18 NOVEMBER

수수께끼 놀이

헛웃음의 레전드는 페이지를 거꾸로 돌려야 정답이 보이는 수수께끼 사전. 사람들에게 어이없는 수수께끼 몇 가지 내보자.

- 날마다 가슴에 흑심을 품고 있는 것은?
- 소금 장수가 좋아하는 사람은?
- 미소의 반대말은?
- 아이들이 학교에 가는 이유는?
- 아래랑 위랑 바뀌면 안 되는 것은?

정답(順 아래부터) 양변기, 샤프심, 당기시, 싱거운 사람, 당신이 웃기기 때문에 아이들이 갈 수 있기 때문에, 있으니

19 NOVEMBER

연락처 가나다순으로 찾아보기

오늘은 스마트폰에 저장된 전화번호를 처음부터 끝까지 훑어보자. 그동안 잊고 살았지만, 꼭 연락하고 싶은 사람의 이름을 만날 수 있다. 오랜만에 전화 통화를 해도 좋지만, 직접 만나면 더욱 좋다. 그 사람의 근황을 전해 들으며, 잊고 살았던 나의 꿈과 새로운 아이디어를 선물받기도 한다. 자주 만나는 지인과의 만남과는 다른 신선한 만남.

ㅅㄴㄷㄹㅁ…

20 NOVEMBER

그 어두컴컴한 방에서 숨을 죽이고 있으면
깊은 바닷속 물고기가 입질하는 느낌을 그냥 알 수 있다.
— 미야모토 테루, 『우리가 좋아했던 것』 중에서

블랙 미러의 저녁

저녁에 홀로 있으면서 세 가지를 하지 말자. 텔레비전 켜지 않기, 노트북 열지 않기, 스마트폰 접속하지 않기. 평소와 달리 작동하지 않는 검은 화면(블랙 미러)을 얼마나 견딜 수 있나. 30분만 지나면, 이 저녁의 고요가 소중하다. 시간이 더 흐르고 나면, 시간의 흐름을 잊어버리게 된다. 저녁에서 검은 밤으로 천천히 건너가는 고요를 지켜보기.

블랙 미러(〈엔하위키 미러〉 참고) 영드 〈블랙 미러〉 제작자 찰리 브루커가 말하는 검은 거울. '불안함과 즐거움 사이의 모호한 존재가 바로 블랙 미러다. 타이틀에 나오는 검은 거울은 모든 벽과 책상에 있고, 모든 사람의 손바닥에 있다: 차갑고 번쩍거리는 텔레비전 화면, 모니터, 스마트폰이 바로 검은 거울이다.'

21 NOVEMBER

공항에서 잠자는 것은 비용 절약뿐 아니라, 재밌는 모험이다. 즐겨라! 당신 내면의 홈리스 인간형을 발견하라.
- 슬리핑 인 에어포트 창업자 도나 맥세리, 홈페이지 중에서

잠자기 좋은 공항은?

날씨 때문에 비행기가 연착되거나, 갈아탈 비행기가 바로 연결이 안 되거나, 근처 숙소까지 오고 가기 귀찮거나, 돈이 부족하거나……. 사람들은 다양한 이유로 공항에서 잠을 잔다. 인천국제공항은 여행객들의 리뷰로 선정하는 2014년 '잠자기 좋은 공항' 부문에서 전 세계 220여 공항 중 싱가포르 창이공항에 이어 2위에 올랐다. 잠자기 편한 의자, 무료 와이파이, 깨끗하고 안전한 실내, 24시간 패스트푸드점, 24시간 찜질방(유료) 등을 갖춰 잠자기 좋은 공항으로 매년 선정되고 있다. 인천공항 청사에서 무료로 잠자기 가장 편한 곳은 여객터미널 3층. 숙면을 위해 담요, 베개, 눈가리개는 필수다.

잠자기 좋은 공항 전 세계 '잠자기 좋은 공항' 리뷰는 sleepinginairports.net에서 볼 수 있다. 배낭여행자였던 도나 맥세리는 공항 취침 경험을 토대로 슬리핑 인 에어포트를 창업했다.

22 NOVEMBER

쓰지 않는 앱 청소하기

앱 정리하기. 스마트폰에 깔아둔 앱 중에서 최근 한 달간 한 번도 쓰지 않은 앱 지우기. 폴더까지 깔끔하게 정돈하고 나면, 책상 서랍을 정리한 것처럼 산뜻하다. 지울까 말까, 아쉬운 앱은 '청소 대기 중'이란 폴더를 만들어 넣어둔다. 연말에 한 해를 정리하며 쓰지 않은 폴더를 지운다.

23 NOVEMBER

리얼 레몬의 날

상큼한 자극이 필요한 날, 레몬주스로 기분 전환하기. 유튜브 동영상 〈제이미 올리버의 1분 팁-레몬 편〉을 따라 해보자. 마트에서 레몬 5~6개를 구입한다. 도마에 레몬을 껍질째로 여러 번 굴린다. 레몬 껍질 안쪽의 알을 최대한 터뜨려 즙을 많이 만들기 위한 것. 감자 껍질 벗기는 도구나 강판으로 레몬 껍질을 벗긴다. 한 손에 껍질 벗긴 레몬을 올려놓고 다른 손으로 꾹꾹 눌러 짠다. 손가락 사이로 흘러나오는 주스를 넓적한 그릇에 담는다. 이렇게 레몬을 짜면 주스 양도 많고, 레몬 향도 더 풍부하다는 게 제이미 올리버의 팁. 즉석에서 물과 설탕을 넣어 리얼 레모네이드 만들기. 가슴이 시원하게 뚫리는 자극이 필요할 땐 사이다를 넣어 톡 쏘는 레모네이드, 알코올이 당길 땐 소주에 넣어 레몬 소주. 코끝 가득 레몬 향만으로도 리프레시되는 하루.

〈제이미 올리버의 1분 팁-레몬 편〉 영국의 요리사 제이미 올리버의 유튜브 채널인 〈푸드 튜브〉에서 〈How to juice a lemon—Jamie's 1 minute tips〉 찾아보기. 요리 초보자라면 레몬 편 말고도 초간단 '1분 팁' 시리즈를 고루고루 참고해보자. 언제나 소년 같은 이 남자가 즐겁게 요리를 하는 영상은, 보기만 해도 긍정 에너지가 팡팡 솟는다.

24 NOVEMBER

종이 인형 놀이

어릴 때 갖고 놀던 종이 인형. 내 모습을 종이 인형으로 그려 만들어 옷 갈아입히기 놀이를 하자. 인형을 대고 옷과 소품 그리기. 흰 종이에 그려서 색칠하거나, 잡지에서 잘라낸 컬러 종이로 만들어도 된다.
해외 사이트 엣시닷컴에서 종이 인형 전문 일러스트레이터들에게 종이 인형을 주문할 수도 있다. 내 사진, 좋아하는 옷 스타일, 좋아하는 물건 등을 이메일로 적어 보내면, 종이 인형과 소품 세트를 출력 가능한 그림 파일로 만들어 이메일로 보내준다.

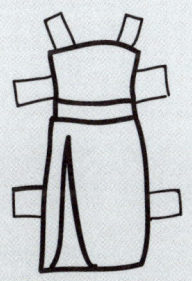

엣시닷컴(etsy.com) 종이 인형 파일 주문 가격은 20~70달러대.

25 NOVEMBER

우리들은 모두 사랑이 되고 싶다. 끄고 싶을 때 끄고 켜고 싶을 때 켤 수 있는 라디오가 되고 싶다.
– 장정일, 시 「라디오와 같이 사랑을 끄고 켤 수 있다면」 중에서

심야 라디오

새벽에 잠들지 않는 사람들의 은신처 같은 심야 라디오. 다른 행성에 사는 사람들이 같은 주파수에 귀를 기울이는 아지트. 깜깜한 밤에 다들 혼자 있지만, 보이지 않는 사람들과 같이 있는 느낌이 든다. 착하고 순한 아이들처럼 DJ가 차례로 차려주는 음악 메뉴를 수동적으로 들으며, 나른한 몽상에 젖는 게 좋다. 아침이 되면 다들 바른생활 어른으로 돌아가지만, 심야 라디오를 들을 때는 낮의 번잡한 세상을 멀찍이 바라보는 초인이 되는 느낌.

심야 FM 〈타블로와 꿈꾸는 라디오〉(22~24시, mbc FM4U), 〈케이윌의 대단한 라디오〉(22~24시, SBS 파워FM), 〈푸른밤 종현입니다〉(24~01시, mbc FM4U), 〈유지원의 옥탑방 라디오〉(24~02시, KBS CoolFM), 〈밤처럼 고요하게〉(01~03시, KBS 1FM), 〈이주연의 영화음악〉(02~03시, mbc FM4U), 〈심야식당〉(02~03시, KBS CoolFM), 〈이동진의 그럼에도 불구하고〉(02~03시, SBS 파워FM)

26 NOVEMBER

당일 기차 지도 그리기

당일에 기차로 다녀올 수 있는 장소를 담은 당일 기차 지도. 새마을호, 무궁화호로 3시간 정도 걸리는 지역까지 지도를 그려본다. 아침 일찍 떠나 저녁 늦게 돌아올 수 있는 1일 기차 여행에 유용한, 기차 여행자가 손수 그리는 지도.

서울에서 출발할 경우 새마을호와 무궁화호로 3시간 이내 지역에 군산(장항선), 전주(전라선), 익산(호남선), 영주(중앙선), 김천(경부선) 등이 있다.

27 NOVEMBER

더 적게 사고, 더 많이 살자(Shop less, Live more).
- 국제 '아무것도 사지 않는 날' 슬로건

buy nothing day

아무것도 사지 않는 날. 1년에 이날 하루는 소비하지 않는 날. 이날 하루를 체험하고, 이후 한 달에 한 번은 모든 소비 활동을 중단해보자. 버스나 지하철도 타지 않아야 하니까 되도록 걸어서 갈 수 있는 번화한 거리나 골목을 걸어본다(멍한 눈빛으로 쇼핑몰 주변을 배회하는 '좀비 걷기'도 이날 행동 수칙 중의 하나). 생활 깊숙이 들어온 소비의 모습을 볼 수 있다. 하루하루 소비를 하지 않으면 생활할 수 없는 일상을 점검하며, 합리적인 소비를 생각해볼 수 있다.

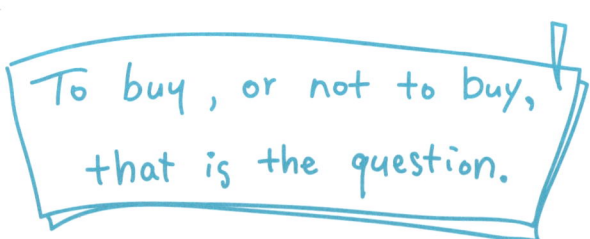

To buy, or not to buy, that is the question.

아무것도 사지 않는 날(buynothingday.co.uk) 국제 아무것도 사지 않는 날은 11월 추수감사절이 있는 주의 금요일로 정해져 있어서 매년 날짜가 달라진다. 사람들은 이날 이러고 논다. 신용카드 자르기, 대형 마트에서 좀비처럼 걷기, 월 마트(whirl mart: 대형 마트에 여럿이 같이 가서 텅 빈 쇼핑카트 몰고 조용히 빙빙 돌기), 돈이 안 드는 거리 파티, 전기 안 쓰기, 핸드폰 끄기, 걷기, 자전거 타기, 노 젓기, 겨울 코트 주고받기 등.

28 NOVEMBER

정통 연극 공연 관람

올해가 가기 전에 진지한 연극 한 편 관람하기. 연극은 영화나 뮤지컬과는 다른 진한 감동이 있다. 옛 명동 국립극장 건물을 복원한 명동예술극장은 원작과 연출이 탄탄한 정통 연극을 전문으로 공연하는 곳이다. 셰익스피어 희곡의 〈리어왕〉, 투르게네프 원작의 〈아버지와 아들〉, 이윤택 원작·연출의 〈문제적 인간 연산〉등 일생에 한 번은 봐야 할 묵직한 연극들. 명동예술극장에서 연극도 보고, 공연 후에 진행되는 연출가와 배우와의 만남 스케줄도 챙기자.

백스테이지 투어   명동예술극장은 매달 마지막 주 토요일 11시에 백스테이시 투어를 진행힌디. 명동예술극장의 역사, 무대 시설, 분장실, 연습실, 조명실 등 무대 뒷모습에 대한 해설. 예약은 20명 선착순이며, 투어 전날 오후 5시까지 명동예술극장 웹사이트(mdtheater.or.kr) 또는 전화(1644-2003)로 예약하면 된다. 참가비 2,000원.

29 NOVEMBER

혹시 그거 알고 계시나요? 홍상수 감독의 영화를 본 사람들은 종종 여행길에 오른다고 해요. 그들은 〈하하하〉의 통영으로, 〈다른 나라에서〉의 모항으로 영화의 배경이 되었던 곳으로 그렇게 여행을 간대요. 〈북촌방향〉의 술집과 밥집을 방문하는 사람들도 그렇게 해서 많아진 거예요.
– 〈누구의 딸도 아닌 해원〉의 영화 초대장 중에서

홍상수 영화 여행

홍상수 영화 보고 바로 그 장소 찾아가기. 홍상수 감독의 영화는 일상을 여행하는 영화이자, 여행을 권하는 영화이다. 〈북촌방향〉 〈자유의 언덕〉은 북촌 여행을 권하고, 〈누구의 딸도 아닌 해원〉을 보고 나면 해원이 돌아다니던 사직공원, 헌책방 겸 카페 '사직동 그 가게'와 남한산성에 가고 싶어진다. 〈다른 나라에서〉는 부산 모항마을, 〈생활의 발견〉은 춘천, 〈하하하〉는 통영, 〈잘 알지도 못하면서〉는 제주 여행을 부추긴다. 홍상수 영화는 좋아하는 소수와 관심 없는 대다수로 나뉜다. 혹시 그 소수라면, 그의 영화 촬영 공간을 여행해보자.

30 NOVEMBER

고기 없는 월요일 운동은 친절하다. 동물들에게 친절하고, 우리 자신에게 친절하며, 지구에게도 친절하다.
– 클레르 해리슨, meatfreemondays.com에 게시된 '고기 없는 월요일' 운동 참가 이유 중에서

채식주의자 되어보기

일주일에 하루는 채식주의자가 되어보자. 폴 매카트니는 도축 광경을 목격한 뒤 채식주의자가 되어 두 딸과 함께 '고기 없는 월요일meat free Monday' 운동을 벌이고 있다. 개인이나 단체에서 일주일에 하루만이라도 고기 없는 채식 식단을 차려, 동물 보호와 지구 환경을 생각해보자는 운동이다. 우리나라에서도 채식에 대한 관심이 늘면서, 채식 식당과 채식 요리 클래스가 인기를 끌고 있다. 일주일에 하루는 고기를 먹지 않는 채식을 실천해보면서, 평소 무심히 육식을 하던 습관과 동물의 사육 환경에 대해 생각해보는 시간을 갖자. 1년에 하루는 동물성 제품(우유, 달걀, 버터, 꿀 등)을 넣은 음식을 먹지 않는 '비건vegan'이 되기로 결심해보자. 단 하루의 경험이 삶의 방식을 바꾸는 전환점이 될지도 모른다.

채식 운동 단체 고기 없는 월요일 한국(meatfreemonday.co.kr), 고기 없는 월요일 글로벌(meatfreemondays.com, 30여 개국 참여), 한국채식연합(vege.or.kr) 등이 있다.

지금 이 순간이 있어
그동안의 삶 전체를 긍정할 수 있게 되는,
그런 순간.
다시 살 수 있는 기회가 주어진다고 해도
아무것도 바꾸지 않고
기꺼이 그때까지의 삶을 한 번 더 살 수 있을 것 같은 마음.

– 제프 다이어, 『꼼짝도 하기 싫은 사람들을 위한 요가』 중에서

December

1 DECEMBER

하루를 그날 거둔 작물이 아닌, 그날 뿌린 씨로 평가하라.
— 로버트 루이스 스티븐슨 『지킬 박사와 하이드』 중에서

I did it 리스트

내가 올해 시도했던 일 100가지를 써보자. 1월부터 매일 하루에 하나씩 써온 '한 줄 성취 노트'를 찾아보면, 아무리 사소한 거라도 내가 이미 이룬 일을 100가지 넘게 찾을 수 있다. 5분 일찍 일어나기, 혼자 밥 먹을 때도 우아하게 챙겨 먹기, 새로 생긴 걷는 습관, 술 즐기며 마시기, 요가 시작한 것, 잠들기 전에 책 한 페이지 읽은 것……. 시도한 것 자체로 하루하루 살아가는 의미가 있다.

죽기 전에 하고 싶은 일 베스트 10(캔디 창 블로그 candychang.com 참고) 아티스트 캔디 창이 진행하는 '죽기 전에 하고 싶은 일(before I die)' 프로젝트에 참여한 전 세계 80여 개국 사람들의 답변 중에서 그가 뽑은 베스트 소원 10가지. 그중에 올해 안에 내가 시도해볼 수 있는 일을 꼽아보자. 몇 가지를 빼면 일상에서 할 수 있는 일이다. ① 완벽하게 나 자신이 되고 싶다(미국 LA). ② 사랑하는 사람들과 별을 응시하고 싶다(한국 포항). ③ 아이스크림 공장을 소유하고 싶다(파라과이 아순시온). ④ 스트리퍼와 수녀가 동시에 되고 싶다(칠레 산티아고). ⑤ 할머니가 자란 동네를 가보고 싶다(호주 타운스빌). ⑥ 내 주제곡을 갖고 싶다(남아공 요하네스버그). ⑦ 우울증을 극복하고 싶다(미국 버지니아). ⑧ 나만의 서체를 만들고 싶다(카자흐스탄 알마티). ⑨ 수많은 일을 시도하고 싶다(미국 뉴욕). ⑩ 두려움과 굿바이 하고 싶다(이스라엘 예루살렘).

2 DECEMBER

여행자를 위한 거리 음식 즐기기

서울 명동에 가보면 한국어보다 중국어나 일본어가 더 많이 들린다. 중국어와 일본어 간판이 더 많이 보일 정도다. 중국인 관광객을 뜻하는 요우커가 우리나라에 연간 600만 명. 서울에서 제주까지 요우커가 없는 곳을 찾기 어려울 정도다. 관광객이 늘어나면서 명동에서 파는 길거리 음식도 외국인 입맛에 맞춰 변하고 있다. 오늘은 명동의 다수 군중인 여행객처럼 길거리 음식을 다양하게 맛보며 여행자 코스프레 해보기. 여행자의 호기심 어린 시선으로 바라보면 명동 길이 훨씬 재미있다.

3 DECEMBER

북유럽의 아침

갖고 싶던 핀란드 커피 잔 '24h 투오키오'와 함께 여는 겨울의 아침. 핀란드어로 '시' '순간'이란 뜻의 투오키오. 붓에 짙은 남색을 툭툭 찍어 그린 듯한 투오키오 커피 잔으로 마시는 모닝커피가 이 겨울 아침, 하얀 입김처럼 훅 사라질 단 하나의 인상을 남겨준다. 투오키오 등을 출시한 핀란드 브랜드 이딸라의 그릇들은 브런치나 일품 요리를 담으면 예뻐서 마니아가 많다. 한두 개씩 사 모으는 로열 블루 컬러 이딸라 접시에 담은 토스트와 어린 채소 잎, 계란 프라이. 접시 하나만 바꿔도 북유럽 여행지에서 맞는 아침 식사처럼 근사해진다.

4 DECEMBER

교환 옷장

옷장을 열어 1년 동안 한 번도 입지 않은 옷과 가방, 모자 등을 꺼내자. 몇 번 입지 않았는데, 이유 없이 싫증 난 옷들이 꽤 많다. 친구나 가족과의 모임에 들고 가서 나눠주기. 모두 안 입는 옷을 가져와서 미니 벼룩시장 열기. 한때 좋아했던 물건이 다시 사랑받게 되어 뿌듯하다. 옷과 어울리는 액세서리도 함께 선물해준다. 옷마다 그 옷을 애정하던 때의 스토리 태그를 달아보자. '스무 살 겨울 눈이 내리던 추운 날, 거리를 돌아다녀도 춥지 않게 해주었던 외투야' 등. 새 옷에 달려 있는 태그처럼 매달기. 누군가에게는 새 옷이 될 헌 옷의 스토리를 나누자.

5 DECEMBER

도심의 템플 스테이

도심에서도 깊은 산속에 있는 듯 고요함을 느낄 수 있는 템플 스테이 (templestay.com) 체험하기. 집과 가까운 도심 사찰에 1박 2일 다녀오는 템플 스테이를 신청해보자. 서울의 경우 조계사, 진관사, 봉은사 등 7~8곳에서 주말 또는 주중에 템플 스테이를 진행한다. 보통 오후 1시경 들어가서 다음 날 오전 10시에 마치는 일정으로, 참선, 발우 공양, 108배, 다도 등을 체험할 수 있다. 일부 사찰에서는 차 마시기, 연등 만들기 등 2~3시간 프로그램도 운영한다. 1년에 한 번쯤, 마음의 여유가 필요할 때 가까운 사찰을 찾아가 보자.

6 DECEMBER

"우리가 순간을 붙잡는다고 생각했는데, 순간이 우리를 붙잡는 것 같아."
- 영화 〈보이후드〉 중에서

영수증 리뷰의 시간

외국 여행지에서 받은 영수증. 심심할 때 꺼내보면 숫자와 글자가 흐릿해져 있다. 잉크가 거의 다 날아가 버려 잘 보이지 않는 얇은 영수증을 불빛에 비춰 보며, 이게 어디서 뭘 먹고 뭘 샀던 건지 기억을 추적해보기. 보이는 글자 하나, 숫자 하나를 단서로 추리하다 보면 신기하게도 그 순간이 흑백사진 한 장처럼 던져지기도 하고, 흐릿한 영상처럼 지나가기도 한다. 영수증이 별것 아닌 것 같지만, 그것을 매개로 이런저런 기억을 떠올릴 수 있어서 마치 기록되지 않은 그날의 일기장처럼 느껴지기도 한다. 때로는 시간순으로 진행되는 선명한 기억보다 툭툭 끊어진 기억들이 더 소중하게 느껴질 때가 있다.

7 DECEMBER

햇살 좋은 맑은 날, 우리는 잘 닦인 금속이나 유리 거울에 똑똑히 비친 모습이든 투명한 표면에 비친 흐릿한 모습이든 자신을 볼 수밖에 없다. …… 다시 말해 일광 속의 세상에서 우리 모습은 끊임없이 포착되고 반영될 수밖에 없는 것이다. …… 이런 '유사 거울'들로 가득한 세상에서 우리는 도저히 우리 자신으로부터 도망칠 수가 없다.
– 로라 커밍, 「화가의 얼굴, 자화상」 중에서

자화상 스케치

매년 1년에 한 번은 자화상 그리기. 잘 그리든, 못 그리든 자화상 스케치. 스스로를 타인처럼 바라보게 하는 좋은 연습이다. 거울 속의 자신을 마주하고 타인처럼 바라보며 자화상 그리기. 또는 아무 이미지도 참고하지 않고 상상 속의 자화상 그리기. 매년 달라지는 자화상에서 내가 나를 바라보는 시선이 어떻게 달라지고 있는지를 흥미롭게 지켜보자.

자화상홀릭(『화가의 얼굴, 자화상』 참고) 왕과 귀족과 성인의 초상화를 주로 그리던 화가들이 자신들의 초상화, 즉 자화상을 그리기 시작한 건 15세기 르네상스 시대부터다. 개인이 자아(self)를 인식하면서 화가들도 청탁받은 초상화가 아닌, 자화상을 그리기 시작한 것이다. 16세기에 이탈리아 화가 마사초가 최초로 미술사적 가치가 있는 사화상을 그렸으며, 17세기엔 렘브란트, 19~20세기엔 고흐, 뭉크 등이 자화상에 몰입했다. 현대 화가로는 자신을 스타처럼 표현한 팝아티스트 앤디 워홀, 장애를 가진 몸으로 200여 점의 자화상을 남긴 화가 프리다 칼로, 일그러지고 알아볼 수 없는 자화상을 그린 추상화가 프랜시스 베이컨 등이 유명하다.

8 DECEMBER

우리는 뜨거운 냄비 속 음식이 알맞게 익기를 기다리며 그 시간의 위안에 흐뭇해집니다.
– 위서현 『뜨거운 위로 한 그릇』 중에서

위안이 되는 음식

일상의 위안이 되는 음식 하나. 몸과 마음이 지치고 회복이 필요할 때 쉽게 찾을 수 있는 가게와 음식을 정해두면 좋다. 아플 때 엄마가 끓여주던 그 맛 그대로의 따끈한 죽을 동치미와 함께 내주는 죽집, 왠지 마음이 포근해지는 추억의 도시락집……. 가까운 가게로 달려가서 한 그릇 먹는 것만으로도 큰 위안을 받을 때가 있다.

9 DECEMBER

여행 컨셉 홈 파티

여행 컨셉을 살린 홈 파티로 즐기는 연말 모임. 올해 여행 다니며 찍은 사진들을 담은 USB를 갖고 스마트 텔레비전이 있는 집에서 만난다. 이 날 드레스 코드는 여행할 때 입었던 옷 입기. 국내 여행이든 해외여행이든 그때 입었던 옷이나 여행지에서 산 옷을 입고 오는 것만으로도 파티 분위기가 즐거워진다. 텔레비젼 화면에 여행 사진을 띄우고 자동으로 넘겨가며 지인들과 여행 이야기하기. 서로의 이야기에 귀 기울이다 보면 평소 잘 안다고 생각했던 사람들의 세상을 보는 자기 나름의 시각을 알게 되어 신기하다. 서로 몰랐던 면을 발견하며 아는 사람과 새로운 만남을 이어가기.

10 DECEMBER

"어디로 갈지 보기 위해서는 잠시 멈춰야 한다고 생각합니다. 당신의 삶에서, 당신이 볼 수 있는 세상에서, 당신이 지금 가장 신경 쓰고 있는 것들에서 잠시 나와봐야 합니다. 그리고 집을 찾아야 합니다."
- 피코 아이어, 테드 강연 〈당신의 집은 어디인가요?〉 중에서

내 고향과 집을 찾아가는 시간

내 고향은 어디인가. 내 집은 어디인가. 여러 나라를 옮겨 다니며 살았던 여행 작가 피코 아이어는 '고향은 우리가 알고 있듯이 단순히 태어난 곳이 아니라, 자신이 된 곳'이라고 말한다. 내가 나 자신이 된 고향은 어디일까? 태어난 곳이 아니라, 지금의 나를 만들어준 바로 그 집은 어디일까? 내 고향과 내 집을 만드는 과정은 나의 순간과 나를 찾아가는 시간. '이런 걸 좋아했구나, 나에게 이런 모습이 있었구나' 하면서 나를 발견하는 시간. 그 시간 속에 고향과 집이라는 공간이 저절로 지어진다.

11 DECEMBER

"별빛 가득한 하늘 아래서 잠들어본 사람은 자신의 방에 누워서도 천장의 무수한 별을 볼 수 있습니다."
– NGO 활동가 석양정

반짝반짝 작은 별, 겨울 별자리

'별자리표'라는 어플이 있다. 스마트폰을 들고 있기만 해도 지금 내 머리 위에 떠 있는 별자리의 이름과 모양이 화면에 표시된다. 현재 내 위치 정보를 척척 알아내 하늘 위를 비춰주는 것이다. 15세기 천문학자 요하네스 헤벨리우스의 도판을 아름답게 디지털화한 별자리 88개, 별 5,000여 개가 하늘 어디쯤에 있는지도 알려준다. 360도 회전, 확대·축소 기능까지! 별자리 이름이 친절하게도 한글로 서비스된다.

별자리 관찰(천문우주지식정보 astro.kasi.re.kr 참고) 겨울철 하늘은 다른 계절보다도 유난히 별이 많으며 밤하늘도 맑아 별자리를 관측하기에 좋다. 안드로메다은하와 오리온성운, 플레이아데스성단과 히아데스성단 등 맨눈으로도 볼 수 있는 은하와 성운 및 성단이 있는가 하면, 오리온자리의 베텔게우스·리겔, 큰개자리의 시리우스, 작은개자리의 프로키온, 황소자리의 알데바란, 마차부자리의 카펠라 등 보석처럼 밝은 별들이 하늘을 채우고 있다.

12 DECEMBER

여기서 만난 사람들, 커피가 맛있는 찻집.
즐거운 일도 많지만,
문득 네 생각이 날 땐
조금은 미안했었어.
— 브로콜리 너마저 〈편지〉 노랫말 중에서

연락 끊긴 친구에게 편지 쓰기

연말이 되면 잘 있는지 궁금해지는 친구. 언젠가 소식이 끊어졌는데, 구글이나 페북에 검색해봐도 나오지 않는 친구가 있다. 주소도 이메일도 전화번호도 모르지만, 그 친구에게 보내는 편지를 써본다. 부치지 못할 편지지만, 내 마음이 전해져서 우연히 길에서 마주칠지도. 아쉬움을 안고 연락이 끊겼던 그 친구도 이맘때쯤 나를 생각할 것 같다.

13 DECEMBER

행복한 생활의 기회를 가지게 된 평범한 남녀들은 보다 친절해지고, 서로 덜 괴롭힐 것이고, 타인을 의심의 눈빛으로 바라보는 일도 줄어들 것이다.
- 버트런드 러셀 「게으름에 대한 찬양」 중에서

겨울잠 속으로

하루 종일 잠자기. 커튼도 열지 않고, 알람도 켜지 않고, 스마트폰도 꺼두고, 꿀 같은 잠 속으로. 중간에 한 번도 깨지 않으려면 든든하게 먹고 폭신한 이불 속으로 쏙. 한 달에 하루는 겨울을 지낼 에너지를 깊은 잠으로 충전한다.

14 DECEMBER

나를 환영해주는 사람이 아무도 없는 고향에서 나는 여행객이었다. 공항 입국장에서 친구와 가족을 만나 얼싸안고 기뻐하는 사람들을 보며 생각했다. 누군가 나를 기다려줬으면, 나를 보고 기뻐했으면, 나에게 미소를 지어줬으면, 나를 포옹해줬으면……. 나는 보드지에 '프리허그'라고 크게 썼다. 그게 프리허그의 시작이었다. 때로 포옹은 우리가 원하는 모든 것이다.
– 제이슨 헌터, 홈페이지(freehugscampaign.org) 중에서

프리허그 데이

12월 14일은 프리허그 캠페인이 정한 프리허그 데이. 큰 종이에 '프리허그'라고 쓰고, 사람들이 많이 다니는 길에 서서 프리허그를 요청하자. 처음엔 부끄럽고 어색하고 사람들이 호응해줄까 싶지만, 참고 기다린 끝에 누군가 다가와 포옹을 하게 되는 순간 모든 가능성의 문이 열린다. 낯선 사람 사이의 경계는 사라지고, 나도 타인을 만지면서 내가 존재함을 느낀다. 내 두 팔이 허공을 휘적거리는 게 아니라 따뜻한 체온이 있는 사람을 포옹할 때 내 존재를 더 깊이 느낄 수 있다.

15 DECEMBER

행복이란…… 겨울 아침 일찍 눈을 떴는데, 오늘이 쉬는 날이란 걸 알았을 때.
– 더 해피 페이지, 페이스북(The.Happy.Page) 포스팅 중에서

아껴둔 휴가 꺼내 쓰기

평소보다 일찍 눈을 뜬 겨울 아침, 밖은 영하 10도 아래로 내려가는 추운 날씨. 가습기를 틀어놓은 방 안의 유리창에 김이 뽀얗게 서린 날. 포근한 이불 속에서 오늘이 휴가임을 느낄 때, 그때의 행복감! 여름휴가나 연차를 아껴뒀다가 1년 중 강추위가 몰려오는 한겨울 주중에 써보자. 남들 다 일할 때 쓰는 휴가는 아무도 모르는 통장에 넣어둔 적금을 꺼내 쓰는 느낌이다.

16 DECEMBER

우리 함께 지내온 시간들. 그동안 행복한 기억.
정말로 고마워. 너와 함께라.
항상 내 맘 깊은 곳에서 넌 언제나 날 위로해줬어.
정말로 고마워. 함께 있어서.
– 옥상달빛 〈정말 고마워서 만든 노래〉 노랫말 중에서

크리스마스엔 메시지 태그

크리스마스, 연말연시에 친구들이나 좋은 사람들에게 건네는 작은 선물. 선물 포장 위에 시중에서 파는 크리스마스카드 대신에 메시지 태그(tag)를 매달기. 수하물 태그처럼 두꺼운 종이를 직사각형으로 잘라 감사의 마음을 담은 특별한 메시지를 쓰고 그림 그리기. '나를 특별하게 해주는 특별한 사람' '언제나 새로운 영감을 주는 사람'……. 그러고는 리본이나 종이 끈으로 선물에 메시지 태그를 매단다. 오직 그 사람을 위한 고마워 메시지 태그. 두고두고 책갈피나 벽 장식으로 활용할 수도 있다.

17 DECEMBER

열두 장 달력 그림 오려두기

어디선가 들어온 내년 달력. 은행이나 보험 회사에서 사은품으로 만든 달력은 왠지 따분해서 버리게 되는데, 그림이 마음에 들면 그림만 오려두자. 예전엔 멋진 달력 그림으로 책 표지를 씌우기도 했다는데 지금은 어디다 쓰지? 그림 열두 장을 모으면 매달 액자에 넣을 수도 있고, 주방 벽면에 매달 바꿔 붙일 수도 있다.

18 DECEMBER

올해가 가기 전에 내셔널트러스트의 후원 회원으로 가입했습니다. 한 달에 만 원씩 후원합니다. 자연과 문화를 지켜나가고자 하는 단체입니다. …… 내 이름으로 지속적으로 좋은 일을 하고 싶다는 생각이 들었습니다. 작지만, 지속적인 관심, 그게 중요하다고 생각해요. …… 쇼핑하는 일보다 기분이 더 좋아지더군요.
— 최예선, 블로그(sweet-workroom.tistory.com) 중에서

기부할 곳 리스트 업

새해에 기부할 곳 추천받기. 지금 기부하고 있는 곳에 조금 더 기부할까? 아니면 새롭게 기부할 곳을 찾을까? 페북이나 블로그 친구들에게 지금 내가 기부하는 곳은 어디라고 밝히고, 친구들은 어디에 기부하고 있는지, 새해 기부처로 추천하고 싶은 곳이 있는지 리스트를 받는다. 그동안 기부하는 걸 드러내놓지 않았던 사람들이 자신이 기부하는 곳과 그 이유, 남에게 권하는 이유까지 상세하게 올려준다. 착하게 사는 모습은 가끔 들켜도 좋다.

19 DECEMBER

무료로 영화 보기

혼자 또는 친구와 무료로 영화 보러 가기. 영화 마니아라면 무료로 영화를 볼 수 있는 서울 상암동 시네마테크 KOFA 상영관은 필수 답사 코스! 시네마테크 KOFA는 국내 최대의 영상 도서관인 한국영상자료원이 운영하는 무료 영화관이다. 서울 상암동 한국영상자료원 지하 1층에 있으며, 1관 328석, 2관 150석, 3관 50석 등 총 세 개의 상영관에서 무료로 영화를 상영한다. 매달 영화제 수상작 특별전을 비롯해 한국 영화, 독립 영화, SF 영화, 감독별·나라별 영화 등 다양한 영화를 감상할 수 있다. KOFA 상영관에 자리가 없거나 따로 보고 싶은 영화가 있다면, 같은 건물 2층에 있는 영상 도서관에 올라가보자. 영상 도서관에는 희귀 필름을 제외한 국내 영화, 국내에 수입·배급된 해외 영화 등 2만 7,600여 편이 소장돼 있다. 내가 좋아하는 감독·배우·장르별로 영화를 찾아 보면서, 나만이 아는 좁고 깊은 영화의 세계에 몰입할 수 있다.

한국영상자료원 시네마테크 KOFA(koreafilm.or.kr/cinema) 마포구 월드컵북로54길 12 한국영상자료원(지하철 6호선 디지털미디어시티역 9번 출구) 지하 1층에 위치. 상영 시간 1시간 전까지 선착순으로 좌석 지정 또는 홈페이지에서 인터넷 예약 가능. 첫 상영은 보통 오후 2시, 마지막 상영은 보통 저녁 7시까지. 매주 월요일, 1월 1일, 명절 연휴 등에는 휴관한다. **영상 도서관(library. koreafilm.or.kr)** 마포구 한국영상자료원 2층. 1·2인석에는 26인치 LCD 모니터, 3~10인 단체석(예약 필요)에는 63인치 화면이 준비되어 있다. 화~금요일은 10~18시(매달 주 수요일 '문화가 있는 날'은 21시까지), 토·일요일, 공휴일은 10~19시 오픈. 둘째·넷째 월요일, 1월 1일, 명절 연휴 등에는 휴관한다. **부산 분원(dureraum.org)** 해운대구 수영강변대로 120 영화의 전당(지하철 2호선 센텀시티역 6·12번 출구) 2층. 1·2·5인석이 있으며, 화~일요일 10~18시 오픈. 매주 월요일, 1월 1일, 명절 연휴 등에는 휴관한다.

20 DECEMBER

네 장미꽃을 그토록 소중하게 만든 건, 네가 장미꽃을 위해 바친 시간 때문이야.
– 앙투안 드 생텍쥐페리, 『어린 왕자』 중에서

알로카시아와 겨울나기

화분에 알로카시아 키우기. 알로카시아는 코끼리 귀 모양을 닮은 큰 잎사귀가 매력적인 식물. 작은 새싹이 일주일 만에 손바닥보다 큰 잎으로 쑥 자라나는 엄청난 생명력을 경험할 수 있다. 건조한 실내에서도 아침이면 잎에 물방울이 맺힐 만큼 자연 가습 효과가 좋은 식물. 습기를 많이 머금는 식물이어서 겨울에는 한 달에 한 번만 물을 줘도 된다. 그 대신 잎사귀가 마르지 않도록 매일 잎사귀 표면을 조심조심 닦아주기. 어린왕자가 정성껏 보살피던 장미꽃처럼, 관심을 가지고 보살필 식물 하나 키워보자.

21 DECEMBER

내 발로 인간관계의 과제에 다가가지 않으면 안 되네. '이 사람은 내게 무엇을 해줄까?'가 아니라 '내가 이 사람에게 무엇을 줄 수 있을까?'를 생각해야지.
- 기시미 이치로 & 고가 후미타케 공저, 『미움받을 용기』 중에서

사랑의 현금 봉투

연말에 소중한 사람에게 현금 봉투 선물하기. 생일도, 기념일도 아닌데, '한 해 동안 열심히 살아주고 내 곁에 있어줘서 고맙다'는 메모와 함께 5만 원 새 지폐를 넣은 봉투를 건네어보자. 전해준 액수보다 훨씬 많은 사랑을 선물로 돌려받게 된다.

22 DECEMBER

밤에 성곽길 걷기

동짓날 달밤에 걷는 서울 성곽길. 달빛이 환한 밤에 친구와 단둘이 함께 성곽을 따라 산책해보자. 묘하게도 둘의 마음이 이어지고 통하는 느낌이 든다. 1년 중 달이 하늘에 가장 높이 떠 있는 동지. 조용하게 성곽길을 걸으면서 신윤복의 그림 〈월하정인月下情人〉을 떠올리며, 나도 친구도 월하미인(月下美人)이 된다.

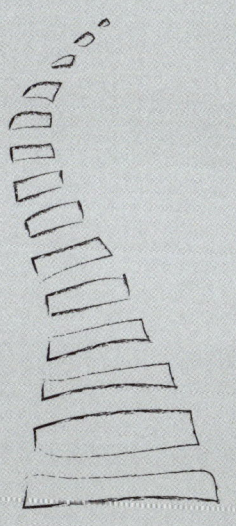

성곽길 혜화문에서 낙산 정상 성곽길은 왕복 1시간 코스. 지하철 4호선 한성대입구역 4번 출구에서 약 10미터 가면 혜화문에서 시작하는 낙산 성곽길이 나온다.

23 DECEMBER

"나는 늘 넓은 호밀밭에서 꼬마들이 재미있게 놀고 있는 모습을 상상하곤 했어. ……
내가 할 일은 아이들이 절벽으로 떨어질 것 같으면, 재빨리 붙잡아주는 거야. ……
온종일 그 일만 하는 거야. 말하자면 호밀밭의 파수꾼이 되고 싶다고나 할까."
- 제롬 데이비드 샐린저, 「호밀밭의 파수꾼」 중에서

금 밟기 놀이

살짝살짝 금을 밟는 묘미. 금 밖으로는 나가지 않으면서, 한 번씩 금을 밟아줘야 금 안의 세상을 영영 벗어나지 않을 힘이 생긴다고 할까. 연말에는 금을 좀 세게 밟아도 좋다. 송년회 때 밖에서 밤새우기. 술이 덜 깬 채로 추운 새벽 5시에 공원 산책하기, 예정에 없던 여행 떠나기, 꼭 가야 하는 송년 회식 자리 빠지기, 초대받은 결혼식 불참하기……. 가끔은 금을 밟아야 금 바깥으로 뛰쳐나가지 않는다.

24 DECEMBER

소박하고 작은 음악회

크리스마스 무렵에 친구들이나 가족과 함께 드레스 코드가 있고 작은 음악회가 있는 파티 열기. 드레스 코드는 크리스마스 분위기에 맞춰 준비하고, 각자 연주할 수 있는 악기로 한 곡씩 연주하기! 식탁을 가운데로 옮겨서 스탠딩 파티로 진행한다. 연주가 끝난 후에는 올해 가장 의미 있는 순간 또는 올해 내 삶을 바꾼 사람과 같은 주제로 돌아가며 이야기하기.

25 DECEMBER

1년을 담은 책

1년 동안의 페이스북 타임라인 중에서 하이라이트를 모아주는 페북 서비스가 인기. 이번에는 책으로 만들어볼까? 페북 책 전문 회사 볼록북(bollogbook.com) 사이트에서 주문하면, 30페이지 미니 북의 경우 소프트 커버는 2만 4,500원, 하드커버는 3만 9,500원. 매년 한 권의 책을 만든다고 생각하고, 타임라인을 채워가는 건 어떨까.

26 DECEMBER

서로가 고마운 연말 콘서트

해가 가도 변치 않는 팬심을 확인하는 연말 콘서트. 1년을 기다렸던 그 가수의 연말 콘서트는 한 해의 마무리에 꼭 빠지지 않는다. 함께 한 살씩 나이 들어가는 유명인과 팬의 관계. 5~10년 계속 가다 보면, 잊지 않고 그 무대에 서준다는 것 자체가 고맙고, 변치 않는 내 의리도 대견하다. 단, 콘서트 티켓은 미리미리 예매해둘 것.

27 DECEMBER

한겨울 워터파크 가기

여름에도 못 간 워터파크!
맘에 드는 비키니를 할인 가격에 사서
워터파크 가기.
한겨울에 따뜻한 워터파크 물에서 놀기.
하얀 눈이 내리는 야외 온천에
몸을 담그고 있으면,
설국에 온 것처럼 설렌다.

28 DECEMBER

"작년 이맘때 봤던 박노해 작가 사진전 '다른 길' 이후로 '다른 삶'에 대해서 생각한 적이 있었어요. 그런데 올해부터 이 단어가 매주 더 자주 떠오릅니다. '남다른 삶'이 아닌 '다른 삶'."
– 환경 관련 연구원 박연화

다른 일 도전해보기

내 적성과 전혀 맞지 않을 것 같은 일 골라서 해보기. 남 앞에 서는 건 두렵지만 무대에 서서 연기를 해보거나, 몸치인데 탱고를 배워서 빨간 드레스를 입고 탱고 축제에 참가해보거나, 음치인데 소프라노에게 배우는 성악 특강 듣고 가곡 부르기 등.
외국에 오랫동안 살다가 제주에 정착한 감성 치유 전문가 김반아는 '자신을 발견하려면 자신과 상반되는 것 같은 강렬한 체험이 도움이 된다. …… 새로운 환경에서 지금까지와 다른 역할을 할 때 자신의 틀을 깨고 깊은 속에 흐르는 샘물을 발견한다'고 말한다.

29 DECEMBER

일기를 쓰는 한 가지 장점은 현재 지속적으로 겪는 변화를 명확히 인식하게 되는 것이다.
– 프란츠 카프카, 『일기 1910~1923』 중에서

하루의 소소한 기억을 담은 일기

늦은 밤, 일기를 쓰며 하루를 마무리하기. 오늘 하루 만난 사람, 친구가 보낸 메시지, 인스타그램에 올린 초콜릿에 찍어 먹는 추로스 사진……. 하루의 기억을 돌아보니 별일 없이 소소한 일로 채워져서 고마운 하루. 하찮지만, 소중한 오늘의 일상을 일기장에 적으며 하루의 문을 닫는다.

30 DECEMBER

"인생에서 가장 중요한 것은 물질이 아니라, 삶을 누릴 수 있는 시간입니다."
– 가장 가난한 대통령으로 알려진 우루과이 전(前) 대통령 호세 무히카, KBS 뉴스 퇴임 인터뷰 중에서

가족과 함께 발 마사지

한 해 동안 가족을 위해 애써준 엄마와 발 마사지 함께 받으러 가기. 마사지 숍에서 40분~1시간 정도 나란히 앉아서 도란도란 이야기 나누며 따뜻한 물에 족욕도 하고 마사지도 받는다. 행복해하는 엄마를 보는 것만으로도 나 역시 행복해지는 시간. 아빠도 시간이 된다면 온 가족이 함께 발 마사지 호사를 누려보자. 오늘은 꼭 내가 지갑을 여는 것으로 완벽한 마무리.

31 DECEMBER

나는 삶이 책과 같다는 걸 알았다. 때로 우리는 한 챕터를 덮고, 다른 챕터를 시작해야 한다.
- R. J. 파라시오, 『경이로운 365일』 중 캐나다에 사는 13세 한즈가 보낸 글

축배

새해의 카운트다운을 앞두고, 와인 한잔 마시며 올해를 근사하게 보내주자. 혼자만의 축하도, 좋은 사람과 함께여도 좋다. 하루하루가 다 좋았던 날은 아니지만, 그런대로 잘 보낸 날들을 칭찬하며 축배! 새해에 다가올 마법 같은 날들을 위해서도 축배!

맨정신이라면 다소 오글거릴 수도 있는 건배사 마당발(마주 앉은 당신의 발전을 위하여), 마무리(마음먹은 일은 무슨 일이든 이루자), 모바일(모두의 바람대로 일어나라!), 스마일(스쳐도 웃고, 마주쳐도 웃고, 일부러 웃자), 사우나(사랑과 우정을 나누자), 해당화(해가 갈수록 당당하고 화려하게 살자), 찬찬찬(희망찬, 활기찬, 가득찬), 하쿠나 마타타(Hakuna matata, '괜찮아. 잘될 거야'라는 뜻의 스와힐리어), 아 보트르 상테(A votre sante, '당신의 건강을 위하여'라는 뜻의 프랑스어), 스페로 스페라(Spero spera, '숨 쉬는 한 희망은 있다'라는 뜻의 라틴어), 카르페 디엠(Carpe diem, '현재를 즐기자'라는 뜻의 라틴어)